Oliver Arnhold/Hartmut Lenhard

Kirche ohne Juden

Christlicher Antisemitismus 1933–1945

Themenheft für den evangelischen Religionsunterricht in der Oberstufe

Das Online-Material zu diesem Buch finden Sie unter:
www.v-r.de/kirche_ohne_juden
Code: P2pEf4EF

Vandenhoeck & Ruprecht

Zeittafel sowie weitere Materialien finden Sie zum Download unter www.v-r.de/kirche_ohne_juden

Mit 34 Abbildungen

Bibliografische Information der Deutschen Nationalbibliothek
Die Deutsche Nationalbibliothek verzeichnet diese Publikation in der Deutschen Nationalbibliografie; detaillierte bibliografische Daten sind im Internet über http://dnb.d-nb.de abrufbar.

ISBN 978-3-525-77687-2

Weitere Ausgaben und Online-Angebote sind erhältlich unter: www.v-r.de

Umschlagabbildung: Collage unter Verwendung eines Fotos von Andreas Praefke (Wikimedia Commons, all rights released): Kruzifix, um 1490, Lindenholz mit restaurierter originaler Fassung, Echthaar, aus der Jodokuskirche in Chemnitz-Glösa

Satz: SchwabScantechnik, Göttingen
Umschlag: SchwabScantechnik, Göttingen
Druck und Bindung: ⊕ Hubert & Co., Göttingen

Gedruckt auf alterungsbeständigem Papier.

Inhalt

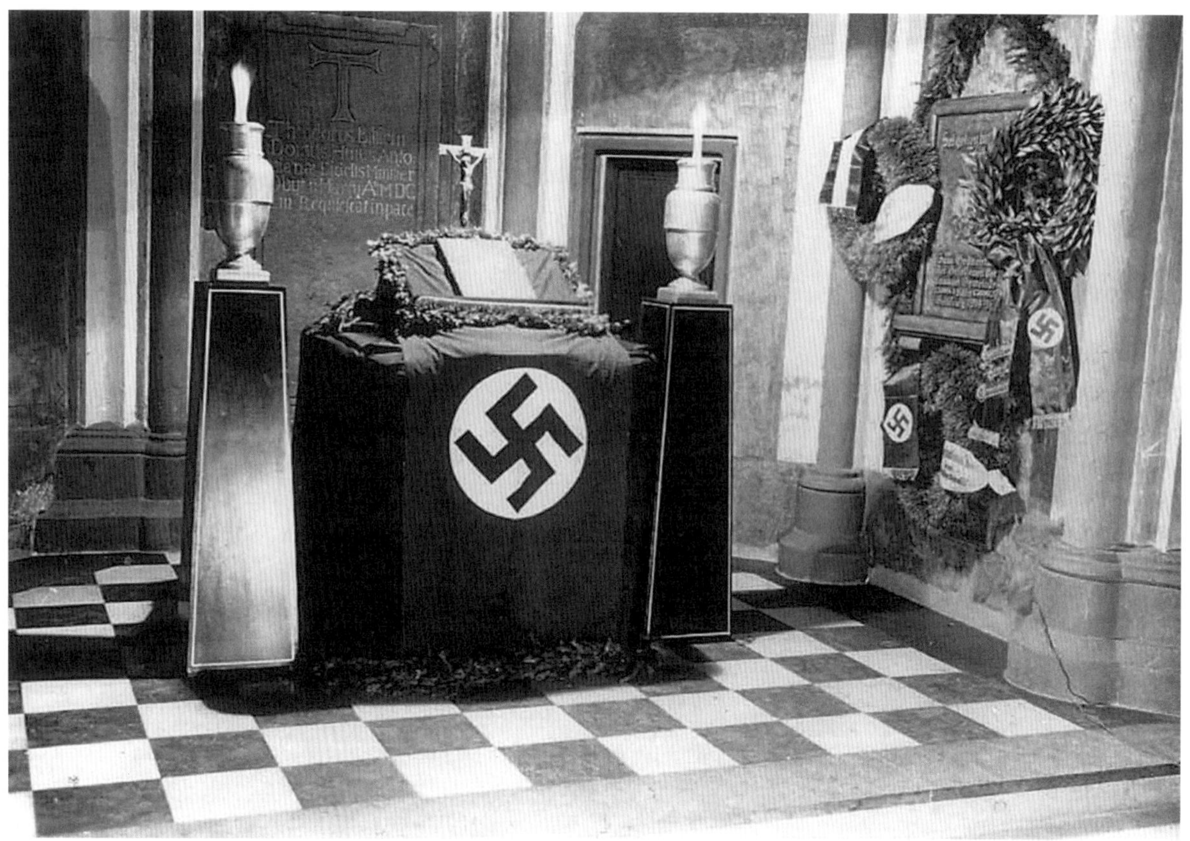

Seitenaltar der Antoniterkirche in Köln 1935, NS-Dokumentationszentrum der Stadt Köln

»›Vision‹ Gottesdienst. Das Eingangslied ist verklungen.
Der Pfarrer steht am Altar und beginnt:
›Nichtarier werden gebeten, die Kirche zu verlassen.‹
Niemand rührt sich.
›Nichtarier werden gebeten, die Kirche sofort zu verlassen.‹
Wieder bleibt alles still.
›Nichtarier werden gebeten, die Kirche sofort zu verlassen.‹
Da steigt Christus vom Kreuz des Altars herab und verlässt die Kirche.«

Abgedruckt im Breslauer Wochenblatt »Evangelischer Ruf« vom 14. Oktober 1933. Das Blatt wurde daraufhin verboten, der zuständige Redakteur entkam gerade noch der drohenden KZ-Haft.

Einführung: Kirche ohne Juden

Ein provokanter Titel! Und ein irritierendes Titelbild! Ist die christliche Kirche denkbar, ohne dass der Jude Jesus im Mittelpunkt steht? Was geschieht, wenn dieser Jude – und mit ihm alle Jüdinnen und Juden[1] – aus der Kirche hinauskomplimentiert, oder schlimmer noch: hinausgeworfen werden? Ist das, was dann übrig bleibt, noch eine christliche Kirche?

Diese Fragen berühren keineswegs nur die Vergangenheit, im Gegenteil: Die Alltagswirklichkeit und religiöse Praxis von Christinnen und Christen spielt sich auch heute weitgehend ohne Juden ab. Zwar gibt es in den evangelischen Landeskirchen viele Menschen, die sich für den »christlich-jüdischen Dialog« engagieren; über 80 »Gesellschaften für Christlich-Jüdische Zusammenarbeit« mit ca. 20.000 Mitgliedern setzen sich für die Verständigung zwischen Christen und Juden sowie gegen Antisemitismus und Rechtsradikalismus ein, aber insgesamt steht dieses Engagement nicht im Zentrum kirchlichen Interesses.

Auch Schülerinnen und Schüler bekommen Jüdinnen und Juden oft nur anlässlich eines Synagogenbesuchs zu Gesicht oder wenn sie mit Zeitzeugen konfrontiert sind. Der Religionsunterricht ist meist der einzige Ort für Jugendliche, an dem nicht nur die Geschichte der jahrhundertealten Judenfeindschaft aufgearbeitet, sondern darüber hinaus auch grundlegend über das Verhältnis von christlicher und jüdischer Religion nachgedacht werden kann. *Kirche ohne Juden* will diese Doppelaufgabe im Oberstufenunterricht durch ein vielfältiges Materialangebot unterstützen.

Die Quellen, Erläuterungen und historischen Darstellungen dieses Heftes sind nach zeitlichen Abschnitten gegliedert. Schwerpunktmäßig geht es um die Geschichte der evangelischen Kirche in der Zeit des Nationalsozialismus. Aber diese Geschichte steht in einer unseligen Traditions- und Rezeptionslinie, die zumindest punktuell vom Mittelalter über Luther und Stoecker bis hin zur Rezeption Luthers in die Darstellung einbezogen wird. Diese »Vorgeschichte« (A Der geschichtliche Hintergrund) ist eine Geschichte der »Entjudaisierung des Christentums, die das Denken der Kirche und ihr inneres Leben ebenso beeinflusste wie ihr Verhältnis zur gegenwärtigen und vergangenen Realität Israel« (Abraham Joshua Heschel).

Ausführlich dokumentiert werden dann die folgenden Phasen der kirchlichen Auseinandersetzung:

- B Die »Deutschen Christen«: Kirche im Zeichen des Hakenkreuzes?
- C Der Arierparagraph: Müssen Pfarrer »arisch« sein? (1933–1934)
- D Die Rassegesetze: Warum tut die Kirche nichts? (1935–1937)
- E Die Reichspogromnacht: Warum schweigt die Kirche? (1938–1940)
- F Die Shoah: Wer hat Mut zur Wahrheit? (1941–1945)
- G Schuldbekenntnis/theologische Neubesinnung nach 1945: Was hat die Kirche gelernt?

Die Dokumente aus der Zeit von 1933–1945 sind unübersehbar. Wir legen den Fokus auf die Frage nach dem Verhältnis zwischen Christen und Juden während der Zeit des Nationalsozialismus und darauf, welche Haltungen innerhalb der evangelischen Kirche zur Entrechtung und Verfolgung von jüdischen Menschen im sogenannten »Dritten Reich« eingenommen wurden.

Die vorgelegten Quellen und Darstellungen sind jeweils mit konkreten Arbeitsanregungen unterlegt, die natürlich abgewandelt oder ergänzt werden können. Eine Zeittafel ist online unter der Adresse www.v-r.de/kirche_ohne_juden verfügbar.

Die Verfasser sind davon überzeugt, dass das Verhältnis von Juden und Christen im Religionsunterricht nicht einfach nebenbei und sozusagen en passant betrachtet werden darf, sondern Glauben und Leben von Christinnen und Christen zentral betrifft und daher sowohl geschichtlich als auch theologisch differenziert bearbeitet werden sollte. Dabei hilft – so hoffen wir – dieses Themenheft für die Oberstufe.

Oliver Arnhold — Hartmut Lenhard

[1] Um der Lesbarkeit der Texte willen haben wir die weiblichen und männlichen Formen nur gelegentlich verwendet.

1 Ein Rückblick: Christliche Judenfeindschaft

Die Geschichte der christlichen Judenfeindschaft beginnt nicht erst im Mittelalter. Zwar waren die Jüngerinnen und Jünger Jesu Juden und auch die erste Jerusalemer Gemeinde wurde von Judenchristen geleitet, aber schon früh ist in den christlichen Gemeinden ein Prozess der Ablösung von der jüdischen Religion zu beobachten. Dieser Prozess verlief von beiden Seiten aus konflikthaft und spitzte sich immer stärker zu, vor allem als das frühe Christentum sich immer mehr im römischen Reich unter Nichtjuden verbreitete und gleichzeitig das Judentum in drei blutigen Kriegen (66–74; 115–117; 132–136 n. Chr.) von den Römern besiegt wurde. »Wie nahe lag es, in der Zerstörung des Tempels im Jahre 70 n. Chr. ein Zeichen zu sehen, dass der jüdische Weg der Gottesverehrung verkehrt und überholt sei!«[1] Und umgekehrt sahen sich die Christinnen und Christen in ihrer Auffassung bestätigt, dass Jesus der wahre verheißene Messias sei und sie selbst nun – anstelle des verstockten Israel – auserwählt seien, die gute Nachricht vom Sieg Gottes über Tod, Sünde und Teufel aller Welt zu bezeugen.

Dieser Trennungsprozess hat schon im Neuen Testament seinen Niederschlag gefunden. An vielen Stellen gibt es deutliche Hinweise darauf, dass die frühchristlichen Gemeinden die jüdische Synagoge zunehmend als Gegnerin, wenn nicht gar als Feindin betrachteten. Dabei spielten Motive wie die Selbstverfluchung der Juden angesichts der Hinrichtung Jesu (Mt 27,23–25), die Mitschuld am Tod Jesu (Apg 2,22 f.), die Verwerfung Israels (Apg 28,25–28) eine Rolle; in heftigster Form bezeichnet das Johannesevangelium die Juden als Teufelssöhne (Joh 8, 44). Auch die theologische Auseinandersetzung mit dem Judentum nahm an Schärfe zu: Prominente Theologen wie Justin, Tertullian, Johannes Chrysostomos, Eusebius und auch Augustinus entwickelten in den ersten Jahrhunderten ein ganzes Arsenal von Argumenten, die gegen die Juden ins Feld geführt wurden: die jüdische Leugnung der Gottessohnschaft Christi und der Trinität, die Beharrung auf dem »Gesetz« als göttlicher Offenbarung, die Ablehnung der Messianität Jesu und die Schuld an seinem Tod (»Gottesmörder«) sowie die Verneinung der durch Christus vollbrachten Versöhnung. Die frühchristliche Literatur ist insgesamt von einer durchgehenden Judenfeindlichkeit geprägt. Sie diffamiert Volk und Glauben der Juden, stempelt Juden zu Verbrechern ab und denunziert die jüdische Religion als überholt und gotteslästerlich. Als im 4. Jahrhundert das Christentum Staatsreligion wurde, schlug sich die Judenfeindschaft in Synodenbeschlüssen und einer antijüdischen Gesetzgebung nieder, so z. B. in der Aufhebung der Gleichstellung der Juden im Konzil zu Konstantinopel 381 n. Chr. Zugleich mit der Entrechtung der Juden kam es im frühen 5. Jahrhundert zu antijüdischen Ausschreitungen, die im Mittelalter in ungleich schlimmerer Weise wieder aufflammten.

Insbesondere seit dem Ersten Kreuzzug (1096–1099) kam es immer wieder und zunehmend zu Vertreibung, Ermordung und Rechtlosigkeit von Juden. Ein wichtiger Grund dafür ist in dem Fundament der mittelalterlichen Gesellschaft in Europa zu sehen: der Idee und auch der Realität der einen von Papst und weltlicher Obrigkeit (an deren Spitze der Kaiser) geleiteten christlichen Welt, des *corpus christianum*. Diese prägte das kirchliche, gesellschaftliche, kulturelle, politische Leben aller, schloss aber gleichzeitig diejenigen aus, die nicht dem Christentum zuzuordnen waren: Juden, Muslime und Ketzer. Im Spätmittelalter verschärften Gräuelgeschichten wie Brunnenvergiftung, Hostienfrevel und Christenkindermord zu rituellen Zwecken sowie der Vorwurf des Wuchers die Situation der Juden weiter. Von den meisten Berufen ausgeschlossen und zudem mit hohen Duldungssteuern belegt (eine exzellente Geldeinnahmequelle für die Landesherrn!) konnten sich Juden meist nur mit Handel und Geldgeschäften über Wasser halten, die den Christen verboten waren. Nach und nach wurden die Juden aus den Ländern Westeuropas verjagt; um 1500 hatten England, Frankreich, die Schweiz, Spanien und Portugal ihre Juden vertrieben.

[1] Gerd Theißen, Zur Entstehung des Christentums aus dem Judentum, in: Kirche und Israel, Neukirchener Theologische Zeitschrift 2/1988, S. 179–189.

2 Das Mittelalter: Kirche und Synagoge

Die wachsende Feindschaft zwischen Christen und Juden führte auch zu einer zunehmend aggressiven Darstellung des Gegensatzes zwischen Ecclesia und Synagoga. Häufig werden Kirche und Synagoge in allegorischen Statuen an den Kirchenportalen postiert – die Synagoge mit einer Binde vor den Augen, ihre Krone liegt am Boden, ihre Siegesfahne ist zerbrochen. Weit drastischer sind »lebende Kreuze«, wie sie als Gemälde vor allem in Süddeutschland, Österreich und Oberitalien verbreitet sind.

Die Fresken stammen aus dem 15. Jahrhundert. Der Ausschnitt ist Teil des monumentalen Gemäldes.

Im oberen Teil thront Gottvater in einer kreisrunden Glorie, darunter der Erzengel Michael mit Schwert und Seelenwaage. Neun unterschiedliche Engelchöre, die sphärenartig übereinander angeordnet sind, umgeben den göttlichen Bereich. Im Mittelpunkt des Bildes hängt Christus an einem Kreuz, das in vier Hände ausläuft: Die linke Hand setzt der Ekklesia die Krone auf, die rechte durchsticht die Synagoge, die obere schließt das Tor zum himmlischen Jerusalem auf, die untere bricht mit einem Hammer das Höllentor auf. Links unten die drei christlichen Tugenden Glaube, Hoffnung, Liebe.

Thomas von Villach (vermutlich), Lebendes Kreuz, ca. 1470–1475, St. Andreas in Thörl-Maglern/Kärnten

3 Martin Luther: Eine »scharfe Barmherzigkeit« an den Juden üben

Martin Luther setzt die vormoderne christliche Judenfeindschaft voraus, nimmt sie auf und trägt zu ihrer Verbreitung bei.[1] Sein Leben lang hat ihn die Auseinandersetzung mit den Juden - so wie er sie sah und wahrnahm - nicht losgelassen, obwohl er selbst kaum je mit Juden in Kontakt kam. Bei aller Widersprüchlichkeit seiner Aussagen zieht sich wie ein roter Faden durch seine Äußerungen, dass das Judentum eine durch Christus überholte, falsche Religion sei, die sich an dem »Gesetz«[2] orientiere, während Christus aller Welt die Freiheit von Sünde, Tod und Teufel gebracht habe. Immer wieder bemüht er sich um den Nachweis, dass Christus in der hebräischen Bibel (dem Alten Testament) als Messias[3] verheißen worden sei, und hofft zunächst darauf, dass das Licht des Evangeliums, das nun leuchtet, auch die Juden überzeugen möge. Dabei kommt er in seiner frühen Schrift *Dass Jesus Christus ein geborener Jude sei* (1523) zu überraschenden Überlegungen, die in seiner Zeit einmalig sind, die aber letztlich missionsstrategisch auf eine Bekehrung der Juden zielen. Diese Schrift weckt bei Juden große Hoffnungen auf eine nachhaltige Veränderung ihrer desolaten Situation und erzielt eine weite Verbreitung (10 zeitgenössische Druckausgaben!).

Martin Luther: Dass Jesus Christus ein geborener Jude sei, 1523

Darum will ich aus der Schrift aufzählen die Ursachen, die mich bewegen zu glauben, dass Christus ein Jude sei, von einer Jungfrau geboren, ob ich vielleicht auch der Juden etliche möchte zum Christenglauben reizen. Denn unsere Narren, die Päpste, Bischöfe, Sophisten[4] und Mönche, die groben Eselsköpfe, haben bisher also mit den Juden verfahren, dass, wer ein guter Christ wäre gewesen, hätte wohl mögen ein Jude werden. Und wenn ich ein Jude gewesen wäre und hätte solche Tölpel und Grobiane gesehen den Christenglauben regieren und lehren, so wäre ich eher eine Sau geworden als ein Christ.

Denn sie haben mit den Juden gehandelt, als wären es Hunde und nicht Menschen, haben nichts mehr können tun als sie schelten und ihr Gut nehmen; wenn man sie getauft hat, hat man ihnen keine christliche Lehre noch Leben bewiesen, sondern sie nur der Päpsterei und Möncherei unterworfen. [...]

Ich hoffe, wenn man mit den Juden freundlich handelt und aus der heiligen Schrift sie säuberlich unterweist, es sollten ihrer viel rechte Christen werden und wieder zu ihrer Väter, der Propheten und Patriarchen[5] Glauben treten, davon sie nur weiter geschreckt werden, wenn man ihr Ding verwirft und so gar nichts will sein lassen und handelt nur mit Hochmut und Verachtung gegen sie. Wenn die Apostel, die auch Juden waren, also hätten mit uns Heiden gehandelt, wie wir Heiden mit den Juden, es wäre nie einer Christ unter den Heiden geworden. Haben sie denn mit uns Heiden so brüderlich gehandelt, so sollen wir wiederum brüderlich mit den Juden handeln, ob wir etliche bekehren möchten [...].

Und wenn wir gleich hoch uns rühmen, so sind wir dennoch Heiden [-Christen] und die Juden [aber] von dem Geblüt Christi, wir sind Schwäger und Fremdlinge, sie sind Blutsfreunde, Vettern und Brüder unsers Herrn. Darum wenn man sich des Blutes und Fleisches rühmen sollte, so gehören ja die Juden Christo näher zu als wir, wie auch S. Paulus Röm. 9 (V. 5) sagt. [...]

Darum wäre meine Bitte und mein Rat, dass man säuberlich mit ihnen umginge und aus der Schrift sie unterrichtete, so könnten ihrer etliche herbeikommen. Aber nun wir sie nur mit Gewalt treiben und gehen mit Lügengerede um, geben ihnen Schuld, sie müssten Christenblut haben, dass sie nicht stinken, und ich weiß nicht, was des Narrenwerks mehr ist, dass man sie gleich wie Hunde behandelt, was sollten wir Gutes an ihnen schaffen? Item [ferner] dass man ihnen verbietet, unter uns zu arbeiten, hantieren und andere menschliche Gemeinschaft zu haben, damit man sie zu wuchern[6] antreibt, wie sollte sie das bessern?

Will man ihnen helfen, so muss man nicht des Papstes, sondern christlicher Liebe Gesetz an ihnen üben und sie freundlich annehmen, mit lassen erwerben und arbeiten, damit sie Gelegenheit und Raum gewinnen, bei und um uns zu sein, unsere christliche Lehre und [christliches] Leben zu hören und zu sehen. Ob etliche halsstarrig [unnachgiebig, verstockt] sind, was liegt dran? Sind wir doch auch nicht alle gute Christen. Hier will ich's diesmal lassen bleiben, bis ich sehe, was ich gewirkt habe. Gott gebe uns allen seine Gnade. Amen.

Martin Luther. Ausgewählte Werke, hrsg. von H. H. Borcherdt und Georg Merz, 2. Aufl. Ergänzungsreihe dritter Band, Schriften wider Juden und Türken, bearbeitet von Walter Holsten, München 1936, S. 128 (= WA 11, 1900, S. 314–336)

Von den Jüden vnd jren Lügen. D. M. Luth. Zum andernmal gedruckt/vnd mehr dazu gethan. M. D. XLIII.

Auf Grund enttäuschender Erfahrungen mit einzelnen Juden, vor allem aber durch die Lektüre von verzerrenden und abwertenden Darstellungen aus der Feder von jüdischen Konvertiten[7] kommt Luther immer mehr zu der Überzeugung, dass Juden verstockt seien und unter dem Zorn Gottes stünden, weil sie trotz aller biblischer Argumentation an ihren Auslegungstraditionen zur hebräischen Bibel (dem Talmud) festhielten und keineswegs zum Christentum konvertierten. Zudem war die Dynamik der ersten Reformationszeit verflogen und die Reformation verfestigte sich in kirchlich-landesherrlichen Strukturen. Für Luther steht es außerhalb jeden Zweifels, dass es im Gebiet eines evangelischen Fürsten auch nur eine homogene christliche Bevölkerung geben konnte und dass die Juden nicht dazu gehörten. Immer vehementer bricht sich bei Luther daher der Hass auf Juden Bahn, verstärkt auch durch seine mittelalterliche Angst vor der realen Präsenz des Teufels, der seiner Auffassung nach von den Juden Besitz ergriffen hatte. 1543, zwei Jahre vor seinem Tod 1546, veröffentlicht er die Schriften *Von den Juden und ihren Lügen und Vom Schem Hamphoras,* die an antijudaistischen Vorurteilen, hasserfüllten Vorwürfen und verhängnisvollen Ratschlägen an die Fürsten ihresgleichen sucht.

Martin Luther: Von den Juden und ihren Lügen. 1543

Ich hatte mir wohl vorgenommen, nichts mehr, weder von den Juden noch wider die Juden zu schreiben. Aber weil ich erfahren, dass die elenden, heillosen Leute nicht aufhören, auch uns, das ist die Christen, an sich zu locken, hab' ich dies Büchlein lassen ausgehen, damit ich unter denen erfunden werde, die solchem giftigen Vornehmen der Juden Widerstand getan und die Christen gewarnet haben, sich vor den Juden zu hüten […].

Luther befasst sich weiter damit, dass die Juden die Messianität Jesu bestreiten, mit der vermeintlichen Beschimpfung der Christen und der Abwertung des Jesusnamens sowie seiner Mutter Maria. Gotteslästerung war zur Zeit Luthers ein mit der Todesstrafe belegtes Verbrechen.

Was sollen wir Christen nun tun mit diesem verworfenen, verdammten Volk der Juden? Zu leiden ist's uns nicht, nachdem sie bei uns sind und wir solch Lügen, Lästern und Fluchen von ihnen wissen, damit wir uns nicht teilhaftig machen aller ihrer Lügen, Flüche und Lästerung. So können wir das unlöschliche Feuer göttlichen Zorns, (wie die Propheten sagen) [Jer 4,4], nicht löschen, noch die Juden bekehren. Wir müssen mit Gebet und Gottesfurcht eine scharfe Barmherzigkeit üben, ob wir doch etliche aus der Flamme und Glut erretten könnten. Rächen dürfen wir uns nicht, sie haben die Rache am Halse, tausendmal ärger, als wir ihnen wünschen können. Ich will meinen treuen Rat geben.

Erstlich, dass man ihre Synagoga oder Schule mit Feuer anstecke und, was nicht verbrennen will, mit Erde überhäufe und beschütte, dass kein Mensch einen Stein oder Schlacke davon sehe ewiglich. Und solches soll man tun, unserm Herrn und der Christenheit zu Ehren, damit Gott sehe, dass wir Christen seien und solch öffentlich Lügen, Fluchen und Lästern seines Sohnes und seiner Christen wissentlich nicht geduldet noch gewilligt haben. […]

Zum andern, dass man auch ihre Häuser desgleichen zerbreche und zerstöre. Denn sie treiben eben das selbige drinnen, das sie in ihren Schulen treiben. Dafür mag man sie etwa unter ein Dach oder Stall tun, wie die Zigeuner, auf dass sie wissen, sie seien nicht Herrn in unserem Lande, wie sie rühmen, sondern im Elend [= Ausland] und gefangen, wie sie ohn' Unterlass vor Gott über uns Zeter schreien und klagen.

Zum dritten, dass man ihnen nehme alle ihre Betbüchlein und Talmudisten, darin solche Abgötterei, Lügen, Fluch und Lästerung gelehret wird.

Zum vierten, dass man ihren Rabbinen bei Leib und Leben verbiete, hinfort zu lehren. [...]

Zum fünften, dass man den Juden das Geleit[8] und Straße ganz und gar aufhebe. Denn sie haben nichts auf dem Lande zu schaffen, weil sie nicht Herrn noch Amtleute noch Händler oder desgleichen sind, sie sollen daheim bleiben. [...]

Zum sechsten, dass man ihnen den Wucher verbiete und nehme ihnen alle Barschaft und Kleinod an Silber und Gold und lege es beiseit zu verwahren. Und dies ist die Ursache: Alles, was sie haben [...], haben sie uns gestohlen und geraubt durch ihren Wucher, weil sie sonst keine andere Nahrung haben. Solch Geld sollte man dazu brauchen (und nicht anders), wo ein Jude sich ernstlich bekehrt, dass man ihm davon vor die Hand gebe hundert, zwei, drei flo. [Gulden] nach Gelegenheit der Person, damit er eine Nahrung [Beruf] für sein arm Weib und Kindlein anfangen möge, und die Alten oder Gebrechlichen damit unterhalte. Denn solch böse gewonnen Gut verflucht ist, wo man's nicht mit Gottes Segen in guten nötigen Gebrauch wendet. [...]

Zum siebenten, dass man den jungen starken Juden und Jüdinnen in die Hand gebe Flegel [Dreschflegel], Axt, Karst [Hacke], Spaten, Rocken [Spinngerät], Spindel und lasse sie ihr Brot verdienen im Schweiß der Nasen, wie Adams Kindern auferlegt ist, Gen 3 [19]. Denn es taugt nicht, dass sie uns verfluchte Gojim [Heiden] wollten lassen im Schweiße unseres Angesichts arbeiten, und sie, die heiligen Leute, wollten's hinter dem Ofen mit faulen Tagen, Festen und Pompen [Pracht] verzehren. [...] Besorgen wir uns aber, dass sie uns möchten an Leib, Weib, Kind, Gesind, Vieh usw. Schaden tun, wenn sie uns dienen oder arbeiten sollten [...] so lasst uns bleiben bei gemeiner Klugheit anderer Nationen, als Frankreich, Hispanien, Böhmen usw. Und mit ihnen rechnen, was sie uns abgewuchert und darnach gütlich geteilet, sie aber für immer zum Lande ausgetrieben. Denn, wie gehört, Gottes Zorn ist groß über sie, dass sie durch sanfte Barmherzigkeit nur ärger und ärger, durch Schärfe aber wenig besser werden. Drum immer weg mit ihnen. [...]

Unsern Oberherrn, so Juden unter sich haben, wünsche ich und bitte, dass sie eine scharfe Barmherzigkeit wollten gegen diese elenden Leute üben [...]. Will das nicht helfen, so müssen wir sie wie die tollen [wilden] Hunde ausjagen, damit wir nicht, ihrer gräulichen Lästerung und aller Laster teilhaftig, mit ihnen Gottes Zorn verdienen und verdammt werden [...].

Martin Luther. Ausgewählte Werke, München 1936, S. 61–228 (= WA 53, 1920, 417–552)

[1] Vgl. dazu Thomas Kaufmann: Luthers Juden, Stuttgart 2014, hier S. 14.

[2] Mit »Gesetz« bezeichnet Luther missverständlich die »Tora« (=die fünf Bücher Mose). Richtig übersetzt heißt Tora »Weisung, Gebot, Belehrung«, hat also keineswegs den negativen juristischen Beiklang, den Luther unterstellt.

[3] Messias (hebr.): der Gesalbte; der von Gott auserwählte Herrscher, der künftig Recht und Gerechtigkeit bringen wird. Im Neuen Testament wird Jesus mit dem Titel »Christus« (griech.: der Gesalbte) benannt.

[4] Sophisten: ursprünglich philosophische Richtung der Antike, hier gebraucht im Sinne von theologischen Wortverdrehern und Betrügern.

[5] Gemeint sind die Vorväter Israels: Abraham, Isaak, Jakob.

[6] Wucher: Vorwurf gegen Juden, sie würden überhöhte Zinsen bei Geldgeschäften fordern.

[7] Konvertit: Person, die zu einer anderen Glaubensgemeinschaft übergetreten ist.

[8] Das Geleitrecht verpflichtete Landesherren, für die Sicherheit auf seinen Straßen zu sorgen. Für die Begleitung von Reisenden wurde ein Geleitgeld erhoben.

Luthers theologische Lehre von der Rechtfertigung des sündigen Menschen vor Gott allein durch die Gnade Gottes *(sola gratia)* und den Glauben *(sola fide)* an den gekreuzigten Christus *(solus Christus)* wird in einem allegorischen Lehrbild des Künstlers Lucas Cranach d. Ä. eindrücklich veranschaulicht. Das Bild mit dem Thema *Verdammnis und Erlösung* befindet sich im Schlossmuseum Friedenstein, Gotha.

Ein Baum in der Bildmitte trennt die typologisch gegenübergestellten Ereignisse aus dem Alten und dem Neuen Testament. Auf der Seite des Gesetzes ist der Baum des Lebens vertrocknet, während er im rechten Bildfeld, der Seite des Evangeliums, grünt. Links jagen Tod und Teufel den sündigen Menschen ins Höllenfeuer, während Moses auf die Gesetze verweist. In der rechten Bildhälfte zeigt Johannes der Täufer auf Christus am Kreuz als Erlöser der Menschheit.

Lucas Cranach d. Ä., Verdammnis und Erlösung, 1529
(Steht auch im digitalen Zusatzmaterial zur Verfügung.)

4 Adolf Stoecker: »Der deutsche Geist verjudet«

Martin Luther hatte seine Judenfeindschaft in weiten Teilen theologisch begründet (»Antijudaismus«), auch wenn er »den Juden als Juden bestimmte negative Charaktereigenschaften wie Verschlagenheit, Mordlust und Geldgier« bescheinigte und er deshalb durchaus einer »frühmodernen Variante des Antisemitismus« huldigte (Thomas Kaufmann).[1] Im strengen Sinn lag dem modernen Antisemitismus des 19. Jahrhunderts jedoch eine biologistische Rassenlehre[2] zugrunde, die sich mit nationalistischen Ideen, mit wirtschaftlichen, sozialen und kulturellen Wirkungsfaktoren zu einem diffusen Gemisch verband. Am besten lässt sich der moderne Antisemitismus als ideologischer Kern einer »in ihrem Selbstverständnis postliberalen Protestbewegung gegen die Grundprinzipien der bürgerlichen Gesellschaft [verstehen] – gegen die Postulate der Menschen- und Bürgerrechte, gegen die liberal-kapitalistische Wirtschaftsordnung und gegen eine säkularisierte, traditionskritische Kultur« (Reinhard Rürup). Die Juden waren für diese Protestbewegung die gemeinsame Zielscheibe, auf die sich kriegsbegeisterte Nationalisten, imperial gesinnte Kaisertreue, Feinde der Demokratie und klerikale Vertreter einer konservativen Moral einschossen.

Adolf Stoecker

Ein herausragender Vertreter dieser Bewegung war der Hofprediger[3] Adolf Stoecker (1835–1909), ein rhetorisch hochbegabter Populist und Demagoge, der als prominenter Theologe und Politiker eine ungemein große Wirkung auch und gerade in konservativ-nationalistischen Kreisen der Evangelischen Kirche ausübte. Luthers judenfeindliche Schriften kannte er vermutlich nicht, er folgte aber durchaus dem üblichen theologischen Schema, dass die jüdische Religion durch das Christentum überholt sei. Sein Lebensthema Antisemitismus richtete sich gegen den »verjudeten« Großkapitalismus, gegen die »verjudete« Linke und vor allem gegen eine vermeintlich jüdisch dominierte Presse, denen er die Absage an jede Form des Liberalismus und an demokratische Prinzipien, die Besinnung auf den christlichen Glauben und die Rückkehr zu einem christlich verfassten Ständestaat als Heilmittel entgegenstellte. Er betrachtete sich selbst als Begründer und Vater der antisemitischen »Berliner Bewegung« und machte durch sein Auftreten und seine 1878 begründete »Christlich-soziale Arbeiterpartei« (ab 1881 »Christlich-soziale Partei«) den Antisemitismus gesellschaftsfähig. »Der Antisemitismus strukturierte und vitalisierte alles, was er sagte, schrieb und tat.«[4] Ohne Zweifel ist er als »Sprachrohr des Radauantisemitismus«[5] einer der Wegbereiter des nationalsozialistischen Antisemitismus gewesen.

[... Ich will] es wagen, heute Abend über das moderne Judentum offen und frei meine Meinung zu sagen. [...] In der Tat erscheint mir das moderne Judentum als eine große Gefahr für das deutsche Volksleben. Damit meine ich weder die Religion der Altgläubigen, noch die Aufklärung der Reformer. Das orthodoxe Judentum, diese Verknöcherung des Gesetzes, das Alte Testament ohne Tempel, ohne Priester, ohne Opfer, ohne Messias, hat für die Kinder des neunzehnten Jahrhunderts weder Anziehungskraft noch Gefahren. Es ist eine im innersten Kern abgestorbene Religionsform, eine untere Stufe der Offenbarung, ein überlebter Geist, noch immer ehrwürdig, aber durch Christum aufgehoben und für die Gegenwart keine

Wahrheit mehr. An religiöser Bedeutung ist das Reformjudentum noch geringer. Es ist weder Judentum noch Christentum, sondern ein dürftiges Überbleibsel der Aufklärungsepoche […]. Beide Parteien rühmen freilich, dass die Juden für die Welt und Menschheit Träger der höchsten religiösen und sittlichen Ideen seien, und dass die Mission des Judentums für jetzt und alle Zukunft darin bestehe, jene Ideen festzuhalten, weiter zu entwickeln und auszubreiten. […]

Wir leugnen nicht, dass Israel die Erkenntnis des persönlichen, einigen Gottes durch das Altertum wie eine heilige Flamme getragen hat, bis Christus kam und den vollkommeneren Glauben, den reicheren Gottesbegriff und die höhere Wahrheit brachte. Aber es ist doch eine historische Tatsache, dass das Volk Israel immer und immer in den gröbsten Götzendienst zurückfiel, dass Gott nur durch die Sendung gewaltiger Persönlichkeiten den Abfall auf kurze Zeit dämpfen konnte. Israels Verdienst ist es wahrlich nicht, dass die Lehre von dem einigen Gott der Welt erhalten blieb, sondern Gottes Gnade. Ebenso ist es unzweifelhaft, dass die Gedanken der Religionsfreiheit, der Toleranz in dem modernen Sinne nicht zu dem Charakter des Alten Testaments gehören. […]

Die Juden sind und bleiben ein Volk im Volke, ein Staat im Staate, ein Stamm für sich unter einer fremden Rasse. Alle Einwanderer gehen zuletzt in dem Volke auf, unter welchem sie wohnen; die Juden nicht. Dem germanischen Wesen setzen sie ihr ungebrochenes Semitentum, dem Christentum ihren starren Gesetzeskultus oder ihre Christusfeindschaft entgegen. Wir können sie darum nicht verurteilen; so lange sie Juden sind, können sie gar nicht anders. […]

Die Frage ist nur: was soll geschehen? Wir meinen, Juden und Christen müssen daran arbeiten, dass sie in das rechte Verhältnis zu einander kommen. Einen andern Weg gibt es nicht. Schon beginnt hie und da ein Hass gegen die Juden aufzulodern, der dem Evangelium widerstrebt. Fährt das moderne Judentum wie bisher fort, die Kapitalskraft wie die Macht der Presse zum Ruin der Nation zu verwenden, so ist eine Katastrophe zuletzt unausbleiblich. Israel muss den Anspruch aufgeben, der Herr Deutschlands werden zu wollen. Es entsage der Anmaßung, dass das Judentum die Religion der Zukunft sein werde, da dasselbe doch so ganz die der Vergangenheit ist. […] Die jüdische Presse muss toleranter werden, das ist die erste Bedingung besserer Verhältnisse. Die sozialen Übelstände, welche das Judentum mit sich bringt, müssen auf dem Wege einer weisen Gesetzgebung geheilt werden. Es wird nicht leicht sein, dem jüdischen Kapital den nötigen Zaum anzulegen. Nur eine organische Gesetzgebung vermag dies zu erreichen. […] Einschränkung der Anstellung jüdischer Richter auf die Verhältniszahl der Bevölkerung; Entfernung der jüdischen Lehrer aus unseren Volksschulen, zu dem Allen Kräftigung des christlich-germanischen Geistes; das sind die Mittel, um dem Überwuchern des Judentums im germanischen Leben, diesem schlimmsten Wucher, entgegenzutreten. Entweder dies gelingt uns, dann mag der Segen wieder über Deutschland kommen, oder der Krebsschaden an dem wir leiden, frisst weiter; dann ist unsere Zukunft bedroht, und der deutsche Geist verjudet, das deutsche Wirtschaftsleben verarmt. Rückkehr zu mehr germanischem Rechts- und Wirtschaftsleben, Umkehr zu christlichem Glauben; so wird unsere Losung lauten. Dann tue Jeder seine Pflicht und Gott wird helfen.

Adolf Stöcker, »Unsere Forderungen an das moderne Judentum«, in: Das moderne Judentum in Deutschland, besonders in Berlin. Zwei Reden in der christlich-socialen Arbeiterpartei, 2. Ausg., Berlin: Wiegandt und Grieben, 1880, S. 4–20

[1] Thomas Kaufmann, Luthers Juden, Stuttgart 2014, S. 45. Luther wandte sich insbesondere auch gegen die »Wucherer«, die zu seiner Zeit mit Juden gleichgesetzt wurden, vgl. Kaufmann, S. 172.

[2] Rassentheorien teilen die Menschheit in verschiedene Rassen ein. Rassen wurden von der biologischen Anthropologie des 19. und frühen 20. Jahrhunderts aufgrund äußerlicher Merkmale (Hauptfarbe, Größe, Körperbau, Schädelform) unterschieden. Zugleich wurden ihnen auch Charakterunterschiede und individuelle Fähigkeiten zugesprochen und damit eine Bewertung der Rassen in höherwertige und minderwertige verknüpft. Als besonders einflussreich erwies sich der französische Schriftsteller Arthur de Gobineau mit seinem 1852 bis 1854 in vier Bänden erschienenen Publikation *Versuch über die Ungleichheit der menschlichen Rassen.* Er behauptete, die Rassen stünden in einem dauernden Kampf gegeneinander; deshalb dürften sie sich nicht vermischen, weil sonst ihr Niedergang drohe. Er führte die Geschichte der Völker und Nationen auf Rassenkampf und Rassenvermischung zurück. Die Rassentheorie nahm der moderne Antisemitismus gern auf und betrachtete sie als »wissenschaftliche« Grundlage; das Judentum galt nun als minderwertige Rasse und die »arische« Rasse als Herrenrasse. Ein Hauptvertreter war Houston Stewart Chamberlain, der auch den Nationalsozialisten als Gewährsmann für ihre Rassenlehre diente.

[3] Seit 1874 arbeitete Stoecker als Geistlicher am Hof des deutschen Kaisers.

[4] Günter Brakelmann: Adolf Stoecker und die Sozialdemokratie. In: Ders./Werner Jochmann/Martin Greschat: Protestantismus und Politik. Werk und Wirkung Adolf Stoeckers, Hamburg 1982, S. 84–122; 106.

[5] Hans-Ulrich Wehler: Deutsche Gesellschaftsgeschichte. 3. Band, München 1995, S. 922.

5 Die Kirche vor der »Judenfrage«

Wie sich die Deutschen zur Verfolgung, Vertreibung und schließlich zur Vernichtung der deutschen Juden durch das nationalsozialistische Regime verhalten haben, bleibt eine wichtige und bedrängende Frage für Geschichtswissenschaft und öffentliches Geschichtsbewusstsein. Denn mit fortschreitender Verbreiterung und Differenzierung unserer historischen Kenntnisse [...] wurde immer deutlicher, dass die Politik der Verdrängung und Vernichtung nicht allein das Werk einer kleinen Clique war, sondern nur möglich wurde, weil weite Teile der Gesellschaft die antijüdischen Maßnahmen teils passiv hinnahmen, teils befürworteten bzw. direkt oder indirekt unterstützten. [...]

In diesem Zusammenhang steht die Frage nach dem Verhalten der Kirche und des Kirchenvolks zum radikalen Antisemitismus des Nationalsozialismus. [...]

Mit der nationalsozialistischen Machtübernahme 1933 erhielt der Antisemitismus eine neue Schubkraft. Das zwang auch den Protestantismus zur Stellungnahme, wenn auch in den ersten Monaten der Machtergreifung noch nicht deutlich erkennbar war, dass gerade die deutschen Juden Gegenstand einer Politik der Ausgrenzung und Entrechtung sein würden. Denn das Spektrum der Opfer nationalsozialistischen Terrors und pseudolegaler Maßnahmen war breit, und darunter befanden sich viele, vor allem Angehörige der politischen Linken, deren politische Ausschaltung auch die Zustimmung des bürgerlich-nationalen und damit auch protestantischen Lagers fand. [...]

Die Propagandaformel von der »nationalen Erhebung« hat das bürgerlich-konservative Deutschland 1933 mit Begeisterung und Illusionen erfüllt, so auch den Protestantismus. Man war ob der höheren Zwecke und Zusammenhänge vielfach bereit, über vieles hinweg zu sehen, auch über die antisemitischen Ausschreitungen. Die neue Obrigkeit habe »durch eine für die deutsche Geschichte unerhörte Einheit der politischen Willensbildung das Reich so fundamental erneuert und befestigt, dass der Ruhm dieser Tat allein fast schon hinreichen würde, um Hitler die Vollmacht zur Schaffung neuen Rechtes zu verleihen«, hieß es am 14. März 1933 emphatisch-ahnungslos in der großen protestantischen Tageszeitung »Tägliche Rundschau«. Ganz in diesem Sinne verteidigte ein Memorandum des Kirchenbundesamtes[1] am 7. Juni 1933 die antijüdischen Ausschreitungen und Ausnahmegesetze: »Man darf aber nicht nur das Negative sehen, man muss vielmehr erkennen, dass der Antisemitismus nur die Kehrseite einer tiefen Besinnung auf deutsche Eigenart und des Willens ist, deutschen Staat und deutsches Geschick diesem Charakter entsprechend zu gestalten.« [...]

Gewiss gab es kritische und warnende Stimmen, aber sie waren eine verschwindende Minderheit. Gewiss waren sich die meisten Protestanten einig in der Ablehnung des wilden Antisemitismus, und ihre antisemitische Grundeinstellung beinhaltete nicht die Billigung von Terror und Mord, sondern man bestand auf jeden Fall auf »gesetzlichen Regelungen«. Das sollte auch die Reaktion auf den Novemberpogrom 1938 bestimmen und deutlich machen, wo die Grenzen antisemitischer Propaganda und Indoktrination lagen; nämlich dort, wo sie gegen die Normen von Bürgerlichkeit, Ordnung und Eigentum verstießen. [...]

Grundsätzlich gilt, dass die Stellungnahmen von Kirchenführern und Pfarrern nicht sehr viel anders aussahen als die von anderen Gruppen des bürgerlich-konservativen Deutschland [...]. Die Haltung der Kirche und ihrer Pastoren war in der Mehrheit von der traditionellen Judenfeindschaft bestimmt, die auch nach 1933 weiter dominant blieb. Zugleich waren die Sorge um die Erhaltung der Kirche als Organisation und das daraus abgeleitete Bemühen, wenigstens die eigenen Arbeitsbereiche zu bewahren bzw. die Bereitschaft sich darauf zu beschränken, maßgebend dafür, dass man als Institution sich zurückhielt oder ganz schwieg. Antijudaismus und Organisationsinteresse stützten sich also wechselseitig. [...] Deutlich wurde das Interesse an der Selbstbehauptung im Schweigen der evangelischen wie der katholischen Kirche zum Judenboykott vom April 1933. Diese Haltung wurde durch die grundsätzliche Zustimmung zur »nationalen Erhebung« des Frühjahres 1933 noch entscheidend bestärkt. Warum sollte man sich ausgerechnet für Juden einsetzen, wo es um die Umkehrung der politischen Verhältnisse ging, die von Revolution und Weimarer Republik auch im Bereich von Staat und Kirchen geschaffen und die nach verbreiteter zeitgenössischer konservativer Auffassung zudem noch von Juden besonders verursacht worden waren?

Mit der Judenfrage konfrontiert wurde die Kirche durch die Auseinandersetzungen um den Arierparagraphen, mit der zugleich der Kirchenkampf ausgelöst wurde. Das Gutachten von Walter Künneth über das Thema »Die Kirche und die Judenfrage in Deutschland«, das der altpreußischen Kirche dazu vorlag, beweist, in welchem Maße die gängige Judenfeindschaft als Voraussetzung aller Entscheidungen akzeptiert wurde. Der jüdische Einfluss auf das deutsche Volksleben müsse ausgeschaltet werden, auch wenn dies möglicherweise unter Anwendung von Gewalt geschähe, meinte Künneth und nicht nur er. Ein weiteres Grundmotiv kirchlichen Denkens begegnet uns in dem Gutachten, das immer wieder das Verhalten der Kirche in der Judenfrage bestimmen sollte: der aus der lutherischen Zwei-Reiche-Lehre abgeleitete Gedanke von einem »schiedlich-friedlichen Nebeneinander« von Staat und Kirche. Der Staat solle in seiner Judenpolitik zwischen Juden und Judenchristen unterscheiden. Nur für die Judenchristen sei die Kirche verantwortlich, die übrigen Juden fielen in die Verantwortung des Staates. So wie der Staat nicht in die als innerkirchlich verstandene Angelegenheit der Judenchristen eingreifen dürfe, werde umgekehrt sich auch die Kirche nicht in die staatliche Judenpolitik einmischen.

Beschränkte sich die Politik der offiziellen Kirche auf eine Verteidigung der Judenchristen, so gab es sicherlich auch innerhalb der Kirche einzelne Theologen und auch Bewegungen, die grundsätzlich gegen rassistische Überzeugungen angingen. Aber auch die Bekennende Kirche vermied es, offen ein Wort für alle Juden einzulegen. Das hatte seinen Grund in der Tradition der Zwei-Reiche-Lehre und in der Akzeptanz der sog. Judenfrage. […]

An diesen grundsätzlichen Positionen sollte sich in der weiteren Entwicklung der Judenpolitik nichts ändern, auch wenn mit der zweiten Phase der nationalsozialistischen Judenverfolgung zwischen 1935 und 1938 die Stimmen derer, die das Unrecht grundsätzlich beim Namen nannten, entschiedener wurden.

Der Novemberpogrom [1938] brachte eine Veränderung in der Haltung einiger Kirchenführer und vieler Pfarrer, auch wenn die Kirche weiterhin schwieg und das Kirchenvolk in einem Augenblick allein ließ, in dem zumindest die Methoden nationalsozialistischer Judenpolitik auf breite Empörung stießen und die bürgerlichen Vorstellungen von Ordnung, Gesetz und Eigentum verletzten. Landesbischof Wurm beispielsweise setzte sich seither in Gebeten, Predigten und in Petitionen für die Juden ein. So mutig diese Haltung auch war, ihre Wirkung wurde jedoch dadurch eingeschränkt, dass auch Wurm dem Staat sein Recht nicht bestritt, »das Judentum als ein gefährliches Element zu bekämpfen« und weiter bekannte: »Ich habe von Jugend auf das Urteil von Männern wie Heinrich von Treitschke[2] und Adolf Stoecker über die zersetzende Wirkung des Judentums auf religiösem, sittlichem, literarischem, wirtschaftlichem und politischem Gebiet für zutreffend gehalten«. Dahinter stand mehr als nur eine taktische Erwägung, und Wurms Dilemma zwischen einer nationalistisch-antisemitischen Grundeinstellung einerseits und der wachsenden Empörung über die »rechtswidrige Tötung von Menschen anderer Völker und Rassen« ist das Dilemma des deutschen Protestantismus insgesamt […].

Hans-Ulrich Thamer, Protestantismus und »Judenfrage« in der Geschichte des Dritten Reiches, in: J.-C. Kaiser/M. Greschat, Der Holocaust und die Protestanten, Frankfurt/M.: Athenäum, 1988, S. 216–240

[1] Der Deutsche Evangelische Kirchenbund war der 1922 gegründete Zusammenschluss der 28 evangelischen Landeskirchen in Deutschland, das Kirchenbundesamt dessen Verwaltungszentrale. 1933 trat an die Stelle des Kirchenbundes die Deutsche Evangelische Kirche.

[2] Heinrich von Treitschke (1834–1896), deutscher Historiker, politischer Publizist und Mitglied des Reichstags. Mit seiner radikal nationalistischen Position machte er den Antisemitismus im Bürgertum salonfähig. Sein Satz »Die Juden sind unser Unglück!« wurde später zum Schlagwort des nationalsozialistischen Hetzblattes »Der Stürmer«.

6 Was wollen die »Deutschen Christen«?

Schon 1928 gründeten die Pfarrer Julius Leutheuser und Siegfried Leffler die »Thüringer Kirchenbewegung Deutsche Christen«, eine innerkirchliche Gruppierung aus nationalsozialistisch überzeugten Geistlichen und Laien, die das Ziel hatte, die nationalsozialistisch geprägte »Volksgemeinschaft aller Deutschen« mit christlichem Brauchtum zu verwirklichen und eine überkonfessionelle deutsche Nationalkirche zu schaffen. 1932 wurde auf Initiative der NSDAP die reichsweit operierende »Glaubensbewegung Deutsche Christen« (DC) als eigene Kirchenpartei gegründet, die darauf drängte, die 28 deutschen Landeskirchen gleichzuschalten und eine einzige nach dem Führerprinzip strukturierte Evangelische Reichskirche aufzubauen. Reichsleiter der Glaubensbewegung DC wurde der Berliner Pfarrer Joachim Hossenfelder. Die Thüringer Bewegung trat zeitweilig der Glaubensbewegung DC als »Gau« bei. Beiden Bewegungen gemeinsam war ein rassistischer Antisemitismus, der sich in den Richtlinien der Glaubensbewegung DC vom 26. Mai 1932 folgendermaßen widerspiegelte:

7. Wir sehen in Rasse, Volkstum und Nation uns von Gott geschenkte und anvertraute Lebensordnungen, für deren Erhaltung zu sorgen, uns Gottes Gesetz ist. Daher ist der Rassenmischung entgegenzutreten. Die deutsche Äußere Mission ruft auf Grund ihrer Erfahrung dem deutschen Volke seit langem zu: ›Halte deine Rasse rein!‹ und sagt uns, dass der Christusglaube die Rasse nicht zerstört, sondern vertieft und heiligt. [...]

9. In der Judenmission sehen wir eine schwere Gefahr für unser Volkstum. Sie ist das Eingangstor fremden Blutes in unsern Volkskörper. Sie hat neben der Äußeren Mission keine Daseinsberechtigung. Wir lehnen die Judenmission in Deutschland ab, solange die Juden das Staatsbürgerrecht besitzen und damit die Gefahr der Rassenverschleierung und -bastardierung besteht. Die Heilige Schrift weiß auch etwas zu sagen von heiligem Zorn und sich versagender Liebe. Insbesondere ist die Eheschließung zwischen Deutschen und Juden zu verbieten.

10. Wir wollen eine evangelische Kirche, die im Volkstum wurzelt, und lehnen den Geist eines christlichen Weltbürgertums ab. Wir wollen die aus diesem Geist entspringenden verderblichen Erscheinungen wie Pazifismus, Internationale, Freimaurertum usw. durch den Glauben an unsere von Gott befohlene völkische Sendung überwinden. [...]

Kirchliches Jahrbuch für die Evangelische Kirche in Deutschland 1933–1944, hg. v. Joachim Beckmann, Gütersloh 1948, S. 5 f.

Die Deutschen Christen hatten – unterstützt von der NSDAP –in den Kirchenwahlen vom 23. Juli 1933 im ganzen Reich einen überwältigenden Erfolg. In fast allen Landeskirchen erreichten sie eine Mehrheit von etwa zwei Dritteln aller abgegebenen Stimmen. In den Landeskirchen Anhalt, Hessen, der Pfalz, Thüringen, Sachsen und in den Kirchenprovinzen der altpreußischen Union (mit Ausnahme Westfalen) wurden deutschchristliche Kirchenleitungen gebildet. Lediglich in den Landeskirchen Bayern, Württemberg und Hannover erreichten die Deutschen Christen keine Mehrheit, diese werden als »intakte« Landeskirchen bezeichnet.

Pfarrer Ludwig Müller (ab September 1933: Reichsbischof), Joachim Hossenfelder und Dr. Reinhard Krause (vgl. Kapitel 10) bei der gewaltsamen Besetzung des Kirchenbundesamtes Ende Juni 1933

Gefüllt kommen die Zeiten auf uns zu, gefüllt ist die neue Zeit, zum Durchbruch drängen die objektiven Lebensmächte und lösen Individualismus und Subjektivismus ab. Das Ich und sein Recht stehen nicht mehr fordernd vor uns, dagegen drängen Mächte objektiver Art: die Rasse und das Evangelium, höchste

Werte mit selbstverständlichem Geltungsanspruch. Sie sind geoffenbart, sind von Gott verordnet, sind einfach da – und stellen in ihren Dienst das entseelte Ich, dem sie neue Bestimmung und heiligen Wert geben.

Der Geltungsanspruch der Rasse weist den Begriff vom Menschen an sich als utopisch, als widergöttlich zurück. Der Schöpfungswillen Gottes wird neu erkannt, Gott will Rasse und Völker und will, dass die Menschen in ihrer Art bleiben, in dieser wachsen und durch sie wertvoller werden. Gott spricht in Blut und Volkstum eine gewaltigere Sprache als in dem Begriff Menschheit. Gott legt in Unterschiedlichkeit und Mannigfaltigkeit größere Schönheit und größeren Wert als in Eintönigkeit und Gleichheit. Wohl wissen wir, dass unser Volk nicht reinrassig ist, wie es nicht ohne Sünde und weil es nicht ohne Sünde ist. Aber wir wissen, dass es Gottes Wille ist, für Erhaltung der Rasse und Art zu zeugen und zu kämpfen. Rasse und Volkstum gehören zur Schöpfung, sie werden von uns nicht vergottet, sind uns aber durch Gottes heiligen Willen gegeben. Fordernd steht über dem Morgen des neuen Tages, Rasse und Volkstum als unbedingte Werte anzuerkennen. Ihnen zu dienen ist Beruf des neuen Menschen, und dieser Dienst allein hat die Verheißung eines neuen Lebens und einer neuen Zukunft, wenn auch nicht mehr für uns, so doch für unsere Kinder. Gott gegenüber hat jede Rasse den Wert, den er und nicht Menschen festzustellen haben. Unser Stolz auf unsere Rasse und unsere Liebe zu unserem Volkstum ziehen nicht unsere Verachtung anderer Rassen nach sich. […] Aber wir werden diejenigen bekämpfen, die uns unsere Liebe und unseren Stolz zu unserem Volkstum nehmen oder verächtlich machen, die unseren Namen tragen, aber nicht zu unserem Volkstum gehören, die unser Brauchtum, unsere Sittlichkeit und unseren Glauben nicht verstehen […]. Wir ziehen gegen Schmarotzer und Bastarde in den Kampf als in einen heiligen Krieg, den Gottes heiliger Wille fordert. Die objektive Macht der Rasse bricht durch, wir wissen etwas davon und wir stellen uns in ihr Licht und in ihren Dienst, wir kämpfen für sie unter dem Zeichen des Hakenkreuzes.

[…] Sind Rasse und Volkstum volkbildend, so ist das Evangelium gemeindebildend. Das ist das Ziel der Glaubensbewegung »Deutsche Christen«, der Kirche durch Anerkennung der schöpferischen Lebensmacht des Evangeliums die Gemeinde zu schaffen. […] Im Evangelium redet Gott nicht nur wie in Blut und Volkstum zu uns, im Evangelium offenbart er sich uns.

Joachim Hossenfelder, Unser Kampf, in: Ders. (Hg.), Die Richtlinien der deutschen Christen, Berlin 1932, S. 5–6.

Am Samstag, dem 12. November 1932, abends 8 Uhr
Versammlung der Glaubensbewegung
„Deutsche Christen"
im Saale Alt-Recklinghausen, Große-Geldstraße
Alle Gemeindemitglieder herzlich Willkommen
Es spricht Pfarrer Krahn-Wanne, über das Thema:
‚Die evgl. Kirche in Gefahr'

Deutsch-Evangelische Mitbürger!
Warum Liste „Deutsche Christen"?

1. Wir erstreben den Zusammenschluß aller Landeskirchen zu einer Deutschen Evangelischen Reichskirche mit starker Führung, einheitlicher Verwaltung.
2. In unserer Kirche soll die Ewigkeitswahrheit Gottes, die Christus gebracht hat, in einer der Deutschen Seele verständlichen Sprache und Art verkündigt werden.
3. Der Heiland soll dem erwachenden Deutschen Freiheitswillen Führer und Gestalter werden als bis zum Tode getreuer heldischer Kämpfer, Helfer und Sieger.
4. Gottvertrauen, Verantwortungsbewußtsein, siegesfröhlicher Freiheitswillen ist zu lehren und zu verkünden von einer Pfarrerschaft, die unter energischer Führung in vorderster Linie kämpft.
5. Der Kampf geht für die unbedingte Geltung der Heilandswahrheit gegen alle zersetzenden Mächte, insbesondere z. Zt. gegen Marxismus, Bolschewismus und Judentum.
6. Für die Erhaltung von Rasse und Volkstum zu kämpfen, ist neu erkannte Pflicht und ernste Aufgabe.
7. Dem Staat soll die Kirche starker Helfer sein, das ererbte Deutsche Volkstum zu verinnerlichen und zu kräftigen im Geist der Wahrheit und Liebe Christi.

Mit der Liste „Deutsche Christen" rufen wir zum Sammeln.

Wir wollen keine neue „Partei", die Zeit des Parlamentarismus hat sich überlebt, auch in der Kirche.

Wir wollen eine starke Bewegung, die Kirchenvolk und Kirchenführung mit neuen Lebenskräften erfüllt.

Die jetzige Kirchenregierung ist zu weich und zu wenig offensiv, ihr Paktieren mit der marxistischen Preußenregierung war falsch.

Wir wollen eine kämpfende, glaubensmutige Kirche, die dem Deutschen Menschen der neuen Zeit Kraft und Trost, Freude und Freiheit bringt, die entscheidenden Einfluß gewinnt auf die gesamte seelische Haltung unseres völkischen Erlebens, die mit unserm Volkstum all seiner Innerlichkeit fest verbunden ist, die wir lieb haben, und die uns lieb hat.

Wir wollen eine Herabsetzung aller Unkosten. Wir wollen, daß neue Männer in die Gemeindevertretung hineinkommen. Männer, die mit allen Gemeindemitgliedern Kontakt haben. Evangelische Männer und Frauen, schließt euch den „Deutschen Christen" an.

Baut die Gemeinde, und ihr baut die Kirche.

Die Wahlleitung der Liste „Deutsche Christen"

Wählt Liste Nr. 3
„Deutsche Christen"
beginnend mit dem Stichwort Ernst Faßbach

J. Kleine jr., Recklinghausen

(Steht auch im digitalen Zusatzmaterial zur Verfügung.)

7 Deutsche Christen: Das Kreuz im Hakenkreuz

Siegfried Leffler, Gründer und Leiter der Thüringer Kirchenbewegung Deutsche Christen

*21.11.1900 Azendorf/Oberfranken; Sohn eines Pfarrers; früher Verlust der Eltern, entbehrungsreiche Jugend; 1918 Kriegsfreiwilliger; 1920–21 Teilnehmer an Freikorpskämpfen; 1.10.1928 Pfarrer Niederwiera/Thüringen; 1928 Gründer und Leiter der Kirchenbewegung Deutsche Christen, 1.3.1929 Mitglied in der NSDAP; 1.9.1933 Oberregierungsrat im Thüringischen Volksbildungsministerium, Referent für kirchliche Angelegenheiten, Jugendpflege und Jugenderziehung; 6.6.1937 Leiter der Reichsgemeinde der Nationalkirchlichen Bewegung (Einung) Deutsche Christen; 1939 Unterzeichner der Godesberger Erklärung; 1939 Leiter des kirchlichen »Entjudungsinstituts«; September 1939 Wehrdienst; 1944 Präsident des 4. Thüringischen Landeskirchentages; 1945 von der amerikanischen Besatzungsmacht verhaftet, interniert; 15.10.1947 aus dem Dienst der Thüringer ev. Kirche entlassen (Reinigungsgesetz); 16.7.1949 Amtsaushilfe Vikariat Deggendorf/Bayern; 1.5.1951 in den Dienst der bayerischen Landeskirche übernommen; 1.1.1959 Pfarrer in Hengersberg; † 10.11.1983 Hengersberg

In der Person des Führers sehen wir den Gottgesandten, der Deutschland vor den Herrn der Geschichte stellt, der vom Gottesdienst der Worte, vom Gottesdienst der Pharisäer[1] und Leviten[2] ruft zum heiligen Dienst des Samaritaners[3]. Darum entschieden wir uns gerade als Menschen, die Pfarrer werden und sein wollten, für ihn. Sein Kampf und sein Sieg war genauso ausschlaggebend für die Kirche wie für alle anderen Lebensgebiete des deutschen Volkes. Man hat uns oft vorgehalten, und vorgeworfen, wir vergötzten Hitler, wir behaupteten, »er sei für uns an die Stelle Christi getreten.« Niemals ist uns das in den Sinn gekommen, schon deswegen nicht, weil uns die Gemeinschaft deutscher Menschen, eines Volkes im Kleinen auf Gedeih und Verderb, schon vorher vom Geiste Christi aus aufgeschlossen und zur Pflicht geworden war. Aber Tatsache ist es, dass in der stockdunklen Nacht christl.-kirchlicher Geschichte Hitler für unsere Zeit gleichsam das wunderbare Transparent, das Fenster wurde, durch das Licht auf die Geschichte des Christentums fiel. Durch ihn hindurch vermochten wir den Heiland in der Geschichte der Deutschen zu sehen.

Siegfried Leffler, Christus im Dritten Reich der Deutschen, Weimar: Verlag Deutsche Christen, 1935, S. 29

Julius Leutheuser, Gründer und Leiter der Thüringer Kirchenbewegung Deutsche Christen

*9.12.1900 Bayreuth; jüngster und sechster Sohn des Stud.-Prof. Heinrich Leutheuser; 1919–21 Teilnehmer an Freikorpskämpfen; 1923 im Zuge des »Hitlerputsches« vorübergehend verhaftet; 1.10.1928 Pfarrer Flemmingen/Altenburg; 1928 Gründer und Leiter der Kirchenbewegung Deutsche Christen (KDC), 1.6.1929 Eintritt in die NSDAP; Januar 1933 Abgeordneter der KDC im thüringischen Landeskirchentag; 29.4.1933 Kirchenrat und Mitglied des Landeskirchenrats der Thüringer ev. Kirche; 12.9.1933 Leiter des Volksdienstes und Landesjugendpfarrer der Thüringer ev. Kirche; Ausbau des Volksdienstes zu einer Propagandaorganisation der KDC; 1937 stellv. Leiter der KDC, zuständig

für Propaganda; 26.8.1939–24.11.1942 Wehrmacht; 1942 als Thüringer Landesbischof in Aussicht genommen; 20.4.1942 Verleihung des Titels Landeskirchenrat; † 24.11.1942 gefallen in Stalingrad.

»Und es kam der Tag der Pfingsten auch für die deutsche Nation. Mögen wir nie die Märztage des Jahres 1933 vergessen[4]!

Da waren wir eine Gemeinschaft an Leib und Seele, ein Reich, eine Glaubens- und Schicksalsgemeinde, ein Volk. Der Gott der Liebe weilte als heiliger Geist mitten unter uns und schenkte uns die Kraft zum Glauben an die Freiheit und Ehre der deutschen Nation, die Bereitschaft zur Weltanschauung des Dienstes an Blut und Erde, den Willen zur Treue gegen die Idee des Dritten Reiches. Ja, es war so, wir sahen seine Herrlichkeit, die Herrlichkeit des Reiches Gottes unter den Deutschen. [S. 7 f.]

Mit absoluter Notwendigkeit hätte das Judentum die religiöse und damit weltanschauliche Führung schon damals angetreten, wäre nicht in der Gestalt Jesu das ursprüngliche Wesen des kindlichen Gottvertrauens zum Siege gelangt über das lebendigen Gottesglauben tötende Buchstabengesetz des Judentums.« [S. 26]

Julius Leutheuser, Die deutsche Christusgemeinde. Der Weg zur deutschen christlichen Nationalkirche, 5. Auflage Weimar: Verlag Deutsche Christen, 1936

[1] Pharisäer: jüdische Laienbewegung, die sich streng an die Tora hielt. Hier abwertend gebraucht.

[2] Leviten: einer der 12 Stämme Israels, assistieren den Priestern beim Tempelkult und übernehmen Tempeldienste.

[3] Samaritaner: bezieht sich hier auf die Beispielsgeschichte Lk 10, 25 ff. Der Samaritaner hilft selbstlos dem unter die Räuber Gefallenen.

[4] Gemeint ist wahrscheinlich der »Tag von Potsdam«, die feierliche Konstituierung des neuen Reichstags in der Garnisonskirche Potsdam mit Hitler und Hindenburg.

Symbole der Kirchenbewegung Deutsche Christen

1928

1937

Julius Leutheuser erläutert die Verwendung des neuen Symbols ab 1937:

Um unserem deutschen Volke die innerste Kraftquelle zur Erfüllung seiner Aufgabe zu erhalten, gilt es die dem Nationalsozialismus eingeborene göttliche Ahnung um ein wahrhaftiges Christentum feste Gestalt werden zu lassen. […] Eigentlich ist das Kreuz im Hakenkreuz enthalten. Da aber heute die volkszerspaltenden Sektenkirchen[1] das Zeichen des Kreuzes zum Gegensymbol des Hakenkreuzes missbrauchen wollen, bringen wir in unserem Symbol zum Ausdruck, dass uns das kraftgebende Geheimnis Gottes im Kreuz leuchtend erschlossen ist und darum nicht gegen, sondern nur im Hakenkreuz als Zeichen des gnädigen Gottes wirken kann. Kreuz und Hakenkreuz, zwei Symbole und doch eins, wie Seele und Leib, Ewigkeit und Zeit, Gott und Volk.

Die Nationalkirche Nr. 2, 10.1.1937, S. 10

[1] Gemeint sind die Gemeinden der Bekennenden Kirche.

Die Grundsätze der Kirchenbewegung Deutsche Christen, November 1933

1. Wir deutschen Christen glauben an unseren Heiland Jesus Christus, an die Macht seines Kreuzes und seiner Auferstehung. Jesu Leben und Sterben lehrt uns, dass der Weg des Kampfes und der Passion zugleich der Weg der Liebe und der Weg zum Leben ist. Wir sind durch Gottes Schöpfung hineingestellt in die Blut- und Schicksalsgemeinschaft des deutschen Volkes und sind als Träger seines Schicksals verantwortlich für seine Zukunft. Deutschland ist unsere Aufgabe – Christus ist unsere Kraft!

2. Quelle unseres Glaubens ist der Gott des ewigen Lebens. Er findet seine Bestätigung durch die Gottesoffenbarung in der Bibel, die Glaubenszeugnisse der Väter, sowie der frommen Seher und Künder unseres Volkes. Das N[eue] T[estament] ist uns die heilige Urkunde vom Heiland, seines und unsres ewigen Vaters Reich. Das Alte Testament ist für unsern Glauben von Wert, soweit es uns das Verständnis für unseres Heilands Leben, Kreuz und Auferstehung erschließt. Doch braucht das deutsche Volk eine neue Begegnung mit dem Heiland ohne den Umweg über das Judentum.

3. Wie jedem Volk, so hat auch unserm Volk der ewige Gott ein arteigenes Gesetz geschaffen. Es gewann Gestalt in dem Führer Adolf Hitler und in dem geformten nationalsozialistischen Staat. Dieses Gesetz spricht zu uns in der aus Blut und Boden erwachsenen Geschichte unseres Volkes. Die Treue zu diesem Gesetz fordert für uns den Kampf für Ehre und Freiheit.

4. Der Weg zur Erfüllung des deutschen Gesetzes ist die gläubige deutsche Gemeinde. In ihr ist Christus gegenwärtig als Geist des gnädigen und vergebenden Gottes. In ihr brennt Christi als heilige Opferbereitschaft. In ihr begegnet der Heiland dem deutschen Volk und schenkt ihm immer wieder neu die Kraft des Glaubens. Aus dieser »Christusgemeinde der Deutschen« soll im nationalsozialistischen Staate Adolf Hitlers die das ganze Volk umfassende »Deutsche christliche Nationalkirche« wachsen.

Ein Führer! Ein Volk! Ein Gott! Ein Reich! Eine Kirche!

Schulungsbriefe der Kirchenbewegung Deutsche Christen 1935, Blatt 1.

Gebet für den Führer

»Gott, der Du oft unserem Volk
siegreiche Sturmfahne warst,
die sie in Kampf und in Not
gläubig umspannten:
Leucht unserem Führer voran,
lenk seinen Schritt in der Nacht,
dass er trotz Dunkel und Feind
sicher ans Ziel kommt!
Stolz über Steile und Grat
trägt er die riesige Last;
Abgründe drohen empor –
Er schaut die Sterne!
Und ein gerettetes Volk,
nachtwandelnd folgt es dem Stern,
sinkt in die Kniee und spricht:
Gott will uns segnen!
Herr, wenn der Jude uns hasst,
und wenn Kanonen und Forts
uns sollen Untergang droh'n:
Glaube ist stärker!
Wo sind die Großsprecher nun,
die uns das Ende gewünscht?
Wir geh'n getrost unsern Weg,
sie sind zerstoben.
Gott, der Du wieder dem Volk
siegreiche Sturmfahne bist,
stähle mit Kraft unser Herz;
segne den Führer!«

Fritz Veigel, Deutsche Gebete, Weimar: Verlag Deutsche Christen, 1936, S. 8

Erntedank 1935

8 Ina Gschlössl: »Wer heute hetzt …«

Nikolaina Gschlössl, *1898 in Köln, †1989 in Neusäß, stammt aus einer einfachen Familie, besucht das Oberlyzeum in Köln, 1920 Abitur, studiert Sozialwissenschaften, Philologie und Theologie in Köln, Bonn und Marburg; fordert zusammen mit anderen Theologiestudentinnen den Zugang zum Pfarramt; 1927 Studienabschluss; Berufsschullehrerin in Köln, Kontakte zu den Religiösen Sozialisten, Mitglied der SPD; 1933 Entlassung wegen kritischer Bemerkungen über Hitler im Religionsunterricht; 1938 Fürsorgerin im Kirchenkreis Köln; nach 1945 wieder im Berufsschuldienst.

Die Autorin setzt sich im Folgenden mit Art. 24 des Parteiprogramms der NSDAP auseinander. Dieser lautet:

Wir fordern die Freiheit aller religiösen Bekenntnisse im Staat, soweit sie nicht dessen Bestand gefährden oder gegen das Sittlichkeits- und Moralgefühl der germanischen Rasse verstoßen.

Die Partei als solche vertritt den Standpunkt eines positiven Christentums, ohne sich konfessionell an ein bestimmtes Bekenntnis zu binden. Sie bekämpft den jüdisch-materialistischen Geist in und außer uns und ist überzeugt, dass eine dauernde Genesung unseres Volkes nur erfolgen kann von innen heraus auf der Grundlage: Gemeinnutz vor Eigennutz.

Ein anderer Punkt, an dem die Beziehungen von Nationalsozialismus und Kirche sehr deutlich werden, ist die Rassenfrage, d. h. die Judenfrage. Auch hier das gleiche, verworrene Bild: […] mit dem trübsten Fanatismus wird über die jüdische Rasse gescholten, und alles, was man für ihre körperliche, seelische und sittliche Unterwertigkeit ins Feld führt, sieht zwar aus wie Wissenschaft, ist aber zum größten Teil aus bewusster Tendenz geboren und daher Pseudowissenschaft. Wo ist denn der wirklich wissenschaftliche, d. h. unvoreingenommene Beweis dafür erbracht, dass die Juden innerhalb unseres Volkskörpers die Quelle alles Bösen, der Inbegriff aller Feigheit und Unmoral sind? […]

Nirgends im ganzen Neuen Testament wird ein Mensch verdammt oder als unfähig zum Heil und zur Erlösung in Christus bezeichnet auf Grund seiner Rassenzugehörigkeit!

Und selbst, wenn man einmal den Fall setzen würde, die Juden seien wirklich als Juden die Quelle alles Verderbens und der Brunnen alles Unheils für unser Volk, so bestünde auch dann noch die Christenpflicht, Böses nicht mit Bösem zu vergelten, sich nicht zu rächen.

Gewiss, wenden die Nationalsozialisten ein, sie werden die Juden nicht verfolgen, quälen, sondern sie nur entrechten, unter Gastrecht stellen usw., aber mit welch entsetzlichem, unmenschlichem Fanatismus wird der Judenhass den Menschen beigebracht, man denke nur an Hitlers Buch, das in der Beziehung fast unüberbietbar sein dürfte, an die Parteiversammlungen, auf denen in unglaublicher Weise gehetzt wird und gedroht, »Köpfe werden rollen, gehenkt wird doch, haut sie, dass die Lappen fliegen« usw. Würde man auch noch versuchen, dergleichen in großen Versammlungen als in der Hitze des Gefechts unterlaufen zu entschuldigen, in einem Buch ist das nicht zu entschuldigen bei dem Führer einer Partei, die sich für die einzige Beschützerin des verfolgten Christentums hält.

Wer heute hetzt, mit Gewalttat droht, der hat sich morgen mit der Schuld für Totschlag und alle Rohheit belastet. Und sollten diese Worte nur als Schlagworte zur Bearbeitung der Masse gedacht sein, wie wirken sie auf die Menschen, wozu treiben sie sie? Sollte dem Christen zur Erreichung eines wohlgemeinten Zieles jedes Mittel recht sein? […] Der Vergötzung des eigenen Volkes, des germanischen Blutes entspricht die Absolutsetzung der eigenen Position, die durchzusetzen alle Mittel recht zu sein scheinen. […]

Ina Gschlössl, in: Leopold Klotz, Die Kirche und das dritte Reich. Fragen und Forderungen deutscher Theologen, Gotha: Klotz, 1932, Bd. 2, S. 58–61

9 Damit fing es an: Der »Arierparagraph«

Zwei Wochen nach dem »Ermächtigungsgesetz« »zur Behebung der Not von Volk und Reich« (23.3.1933) und eine Woche nach der ersten zentral gesteuerten Boykott-Aktion der Nationalsozialisten gegen die Juden in Deutschland (1.4.1933) wird das *Gesetz zur Wiederherstellung des Berufsbeamtentums* am 7. April 1933 erlassen. Es ist die erste zentrale Maßnahme zur Entrechtung von Juden. In dem entscheidenden § 3 heißt es:

§ 3

(1) Beamte, die nicht arischer Abstammung sind, sind in den Ruhestand zu versetzen; soweit es sich um Ehrenbeamte handelt, sind sie aus dem Amtsverhältnis zu entlassen.

(2) Abs. 1 gilt nicht für Beamte, die bereits seit dem 1. August 1914 Beamte gewesen sind oder die im Weltkrieg an der Front für das Deutsche Reich oder für seine Verbündeten gekämpft haben oder deren Väter oder Söhne im Weltkrieg gefallen sind.

Gemäß der zusätzlich erlassenen Ausführungsverordnung galt als Nichtarier jede Person, unter deren Eltern oder Großeltern sich jüdische oder farbige Personen befanden. Die gewisse Einschränkung in Absatz 2, die sogenannte »Frontkämpferklausel«, hatte Reichspräsident Hindenburg Hitler noch abringen können.

Für die Kirchen entstand ein unabweisbares Dilemma, da das Gesetz auch die Beamten von »Körperschaften des öffentlichen Rechts«, also auch ihre Geistlichen und weitere Kirchenbeamte einschloss. Die Kirchen mussten sich also entscheiden, ob sie dem »Arierparagraphen« Folge leisten wollten oder nicht.

Nachdem die Deutschen Christen in den Kirchenwahlen am 23. Juli 1933 einen überwältigenden Sieg errungen hatten, beschloss die Generalsynode der Evangelischen Kirche der altpreußischen Union (»Braune Synode«) als erstes gesetzgebendes Gremium einer evangelischen Landeskirche am 6. September 1933 einen solchen kirchlichen »Arierparagraphen«. Am 12. September 1933 folgte der Thüringer Landeskirchentag mit einem analogen »Gesetz über die Stellung der kirchlichen Amtsträger zur Nation«.

In der Zwischenzeit entbrannte ein heftiger theologischer Streit über die Einführung des »Arierparagraphen« in der ev. Kirche. Einzelne Theologen, aber auch ganze theologischer Fakultäten wie die in Marburg und Erlangen erstellten Gutachten, Befürworter, Gegner und Vermittler formulierten ihre Argumente. Dabei stand die Frage, was das Wesen der Kirche ausmacht, im Mittelpunkt der Diskussion.

Der Berliner Pfarrer Martin Niemöller rief nach der »Braunen Synode« zu einem »Pfarrernotbund« auf und gab damit das Signal für die Entstehung der »Bekennenden Kirche«. Bis Ende 1933 hatten etwa ein Drittel aller Pfarrer die Verpflichtung unterzeichnet.

Dietrich Bonhoeffer
Der Arier-Paragraph in der Kirche

1. Radikale Form des Arier-Paragraphen.
Nichtarier gehören nicht zur deutschen Reichskirche und sind durch Bildung eigener judenchristlicher Gemeinden auszuschließen.
2. Form des Arier-Paragraphen.
Das staatliche Beamtengesetz soll auf die Kirchenbeamten Anwendung finden, Weiterbeschäftigung und Neueinstellung judenchristlicher Pfarrer soll abgelehnt werden. […]

ad 1. Der Ausschluss der Judenchristen aus der kirchlichen Gemeinschaft zerstört die Substanz der Kirche Christi: denn […] damit [wird] die Tat des Paulus rückgängig gemacht, der davon ausging, dass durch das Kreuz Christi der Zaun zwischen Juden und Heiden abgebrochen sei, dass Christus aus Zweien Eins gemacht hat (Eph. 2), dass hier (nämlich in der Kirche Christi) nicht Jude noch Heide … sondern allzumal einer sei. […]

Die D. C. sagen:
Die Kirche darf die Ordnungen Gottes nicht auflösen oder missachten, solche Ordnung aber ist die Rasse, darum muss die Kirche rassisch bestimmt sein.
Wir antworten:
Die gegebene Ordnung der Rasse wird ebenso wenig verkannt, wie die der Geschlechter der Stände etc. […] In der Kirche bleibt Jude Jude, Heide Heide,

Mann Mann, Kapitalist Kapitalist etc. etc. Aber der Ruf Gottes beruft und sammelt sie alle zu einem Volk zum Volk Gottes zur Kirche, zu der sie alle in gleicher Weise und miteinander gehören. Kirche ist nicht die Gemeinschaft von Gleichartigen sondern eben gerade von Fremden, die durch das Wort berufen sind. [...] Die Rasse, das Blut ist eine unter den Ordnungen, in die die Kirche eintritt, aber sie darf nie Kriterium für die Zugehörigkeit zur Kirche sein, dies ist allein das Wort Gottes und der Glaube. [...]

Die D. C. sagen:
Wir haben nicht die tausend Judenchristen, sondern die Millionen Gott entfremdeter Volksgenossen im Auge. Um ihretwillen müssen gegebenenfalls die andern geopfert werden.
Wir antworten:
Auch wir haben sie im Auge, aber in der Kirche wird kein Einziger geopfert und es kann sein, dass die Kirche, um der tausend gläubigen Judenchristen willen, die sie nicht opfern darf, Millionen nicht gewinnt. Aber was wäre auch ein Gewinn von Millionen, wenn er auf Kosten der Wahrheit und der Liebe gegen einen einzigen erkauft werden müsste. Es könnte kein Gewinn sondern nur Schade sein, denn Kirche wäre nicht mehr Kirche.

Die D. C. sagen:
Das deutsche Kirchenvolk kann die Gemeinschaft mit den Juden, die ihm politisch soviel Schaden getan haben, nicht mehr ertragen.
Wir antworten:
Gerade hier muss dann in aller Deutlichkeit gesagt werden, dass hier der Ort ist, an dem es sich bewährt, ob man weiß, was Kirche ist. Hier, wo der mir unsympathische Judenchrist neben mir als Glaubender sitzt, hier gerade ist Kirche. Wird das nicht begriffen, dann sollen die, die das nicht ertragen zu können glauben, sich selbst zu einer eigenen Kirche zusammenschließen, aber nie und nimmer können sie die anderen ausschließen. Die Kontinuität der Kirche liegt bei der Kirche, in der die Judenchristen bleiben.

Zusammengefasst:
Kirche ist die Gemeinde der Berufenen, in der das Evangelium recht gepredigt und die Sakramente recht verwaltet werden, die kein Gesetz für die Zugehörigkeit zu ihr aufrichtet. Darum ist der Arier-Paragraph eine Irrlehre von der Kirche und zerstört ihre Substanz. Darum gibt es einer Kirche gegenüber, die den Arier-Paragraphen in dieser radikalen Form durchführt, nur noch einen Dienst der Wahrheit, nämlich den Austritt. Dies ist der letzte Akt der Solidarität mit meiner Kirche, der ich nie anders als allein mit der ganzen Wahrheit und allen ihren Konsequenzen dienen kann.

ad 2. Die Entfernung der Judenchristen aus den Pfarrämtern steht mit dem Wesen des Pfarramts im Widerspruch. [...]

Die D. C. sagen:
Die kirchlichen Führer müssen um des völkischen Empfindens des deutschen Kirchenvolkes willen arisch sein.
Wir antworten:
Das Kirchenvolk soll lernen, nicht auf die Person des Pfarrers, sondern auf seine Verkündigung aufzumerken ... »Wenn nur Christus verkündet wird ...« [vgl. Phil 1,18] Hätte der Jude Paulus nicht in der Heidenwelt Christus verkündet, unbekümmert um völkisches Empfinden, so gäbe es keine deutsche Kirche. [...]

Zusammengefasst:
Die Forderung der D. C. zerstört das Wesen des Pfarramts, indem sie Glieder der Gemeinde zu Brüdern minderen Rechts, Christen zweiter Klasse macht. Die anderen, die von dieser Forderung unbetroffen, also privilegiert bleiben, werden sich selbst lieber den Brüdern minderen Rechts zur Seite stellen wollen als in der Kirche von Privilegien Gebrauch machen. Sie werden daher ihren einzigen Dienst, den sie ihrer Kirche in Wahrheit noch tun können, darin sehen müssen, dass sie das Pfarramt, das zu einem Privileg geworden ist, niederlegen. [...]

Flugblatt, August 1933, in: Dietrich Bonhoeffer Auswahl, hrsg. von C. Gremmels und W. Huber, Bd. 2, Gütersloh 2006, S. 80–93

Gutachten der Theologischen Fakultät der Universität Erlangen vom 25. September 1933 zu den Beschlüssen der Generalsynode der Evangelischen Kirche der altpreußischen Union

Die preußische Generalsynode folgt mit diesen Bestimmungen formell der Gepflogenheit der christlichen Kirchen aller Zeiten, die Zulassung zu ihren Ämtern von der Erfüllung bestimmter persönlicher Voraussetzungen der Bewerber abhängig zu machen (1 Tim 3,1–13). Zu diesen Voraussetzungen gehören z. B. für das geistliche Amt bereits in den bisherigen deutschen Landeskirchen außer der deutschen Reichsangehörigkeit auch biologische Merkmale, des Alters, des Geschlechts und der körperlichen Eignung. In den angeführten Bestimmungen ist die Forderung arischer Abstammung neu hinzugekommen. Für die theologische Beurteilung dieser Forderung ist das Verhältnis der christlichen Kirchen zu den völkischen Unterschieden, insbesondere die Wirkung dieses Verhältnisses auf die Zulassung zu den kirchlichen Ämtern zu prüfen.

1. Nach dem Zeugnis des Neuen Testaments ist in Jesus Christus unserem Herrn, in seinem Sterben und Auferstehen der Wille Gottes zur Erfüllung gekommen, dass allen Menschen geholfen werde. Von der universalen Geltung dieses Evangeliums ist kein Mensch, geschweige ein ganzes Volk auszuschließen. Alle zum Glauben gekommenen sind nach dem Zeugnis des Apostels Eins in Christo. In der Verbundenheit mit Christus gibt es vor Gott keinen Unterschied zwischen Juden und Nichtjuden. *Aber die allen Christen gemeinsame Gotteskindschaft hebt die biologischen und gesellschaftlichen Unterschiede nicht auf,* sondern bindet jeden an den Stand, in dem er berufen ist (1. Kor. 7,20). Die biologische Bindung an ein bestimmtes Volk, der wir schicksalhaft nicht entrinnen können, ist vom Christen mit Gesinnung und Tat auch anzuerkennen.

2. *Die äußere Ordnung der christlichen Kirche* hat nach reformatorischer Lehre im Unterschied von der römisch-katholischen *nicht nur der Universalität des Evangeliums, sondern auch der historisch-völkischen Gliederung der christlichen Menschen* zu entsprechen. […]

3. Ist die völkische Mannigfaltigkeit der äußeren Kirchenordnung eine notwendige Folge der sowohl schicksalhaften wie ethisch zu bejahenden völkischen Gliederung überhaupt, so ist ihr auch bei der *Zulassung zu den Ämtern der Kirche* von dem Zeitpunkt ab Rechnung zu tragen, wo eine Missionskirche zur Volkskirche geworden ist. Der Träger des geistlichen Amtes soll mit seiner Gemeinde in ihrer irdischen Existenz so verbunden sein, dass die ihr daraus erwachsenden Bindungen auch die seinen sind. Dazu gehört die Bindung an das gleiche Volkstum. […]

4. Ob und wieweit dieser Grundsatz auch gegenüber den unter uns wohnenden Christen jüdischer Abstammung anzuwenden ist, bedarf besonderer Erörterung. Es fragt sich zunächst, ob die in Deutschland ansässigen Juden im vollen Sinne dem deutschen Volke angehören oder eigenen Volkstums und somit ein Gastvolk sind. *Die Kirche als solche kann das nicht entscheiden.* […] *Die Frage nach dem völkischen Verhältnis von Deutschtum und Judentum ist biologisch-geschichtlicher Art.* Sie kann nur von unserem Volke, wie entsprechend von jedem anderen, im Blicke auf seine besondere biologisch-geschichtliche Lage beantwortet werden.

5. Das *deutsche* Volk empfindet heute die Juden in seiner Mitte mehr denn je als *fremdes* Volkstum. Es hat die Bedrohung seines Eigenlebens durch das emanzipierte Judentum erkannt und wehrt sich gegen diese Gefahr mit rechtlichen Ausnahmebestimmungen. Im Ringen um die Erneuerung unseres Volkes schließt der neue Staat Männer jüdischer oder halbjüdischer Abstammung von führenden Ämtern aus. Die Kirche muss das grundsätzliche Recht des Staates zu solchen gesetzgeberischen Maßnahmen anerkennen. Sie weiß sich selber in der gegenwärtigen Lage zu neuer Besinnung auf ihre *Aufgabe, Volkskirche der Deutschen zu sein,* gerufen. Dazu gehört, dass sie heute ihren Grundsatz von der völkischen Verbundenheit der Amtsträger mit ihrer Gemeinde bewusst neu geltend macht und ihn auch auf die Christen jüdischer Abstammung anwendet. Für die Stellung der Kirche im Volksleben, und für die Erfüllung ihrer Aufgabe würde in der jetzigen Lage die Besetzung ihrer Ämter mit Judenstämmigen im Allgemeinen eine schwere Belastung und Hemmung bedeuten. Die Kirche muss daher die Zurückhaltung ihrer Judenchristen von den Ämtern fordern. Ihre volle Gliedschaft in der Deutschen evangelischen Kirche wird dadurch nicht bestritten oder eingeschränkt, so wenig wie die anderer Glieder unserer Kirche, welche die Voraussetzungen für die Zulassung zu den Ämtern der Kirche irgendwie nicht erfüllen. […]

6. Dem allen entspricht es, dass *die Kirche in ihrer Ordnung ausdrücklich Raum lässt für die Ausnahme,* dass zu ihren Ämtern Christen jüdischer oder halbjüdischer Abstammung zugelassen werden. […]

7. Diese Ausnahme betrifft in erster Linie die *Geistlichen und Amtsträger* jüdischer oder halbjüdischer Abstammung, *die schon im Amte stehen.* Es verletzt das Wesen insonderheit des geistlichen Amtes, der Ordination und Berufung zu ihm, wenn die Kirche allgemein Geistliche jüdischer oder halbjüdischer Abstammung, die sich im Dienste bewährt haben, lediglich wegen ihrer Abstammung aus dem Dienste entlässt.

Junge Kirche 1 (1933), S. 271–274

Martin Niemöller: Verpflichtungserklärung des »Pfarrernotbundes«

Verpflichtung.

1.Ich verpflichte mich,mein Amt als Diener des Wortos auszurichten allein in der Bindung an die Hl.Schrift und an die Bekenntnisse der Reformation als die rechte Auslegung der Hl.Schrift.

2.Ich verpflichte mich,gegen alle Verletzung solchen Bekenntstandes mit rückhaltlosem Einsatz zu protestieren.

4.Ich weiß mich nach bestem Vermögen mit verantwortlich für die,die um solchen Bekonntnisstandes willen vorfolgt werden.

5.In solcher Verpflichtung bezeuge ich,daß eine Verletzung des Bekenntnisstandes mit der Anwendung des Arierparagraphen im Raum der Kirche Christi geschaffen ist.

...............,den...........1933
(Genaue Ortsangabe)

....
(Unterschrift)

Vermerk:Der Punkt 3 der früheren Verpflichtungsformulare fällt fort.

Sammlung Kirchenkampf, Landeskirchenamt Nürnberg

Wir haben uns, durch die Not vieler vereinsamter Amtsbrüder bewogen, in einem größeren Kreis von Freunden zu der beigefügten Erklärung verpflichtet und wollen nun im ganzen deutschen Vaterland zunächst Pfarrer suchen, die diesem Bund ebenfalls beitreten. Wir brauchen den festen Zusammenschluss um der vielen Einsamen, um unserer Kirche und um aller derer willen, die durch die bekenntnisverletzende Beschlussfassung der preußischen Generalsynode bedroht sind.

Wir hoffen nach unseren Erfahrungen, dass ein ganz erheblicher Teil der evangelischen Pfarrerschaft diesem Notbund beitritt. Wir werden die Namen den Kirchenbehörden und anderen Stellen gegenüber geheim halten, den Wortlaut der Verpflichtung aber und die Zahl der Unterschriften, falls wir über 1000 im Laufe dieser Woche zusammenbekommen, unter Umständen auf der Nationalsynode verwenden. Meine herzliche Bitte geht nun dahin, Sie möchten in dem Kreis, dem Sie als Vertrauensmann der J[ungreformatorischen] B[ewegung][1] vorstehen, die Amtsbrüder unterrichten und zur Unterschrift[2] veranlassen, möglichst durch Weitergabe von Mund zu Mund und Hand zu Hand. Eile ist dringend geboten! […]
Niemöller

Aufruf zur Unterschrift, 12.9.1933, in: Wilhelm Niemöller, Der Pfarrernotbund. Geschichte einer kämpfenden Bruderschaft, Hamburg 1973

[1] Die Jungreformatorische Bewegung bestand aus einer Gruppe evangelischer Pastoren, die sich im Mai 1933 gegen die kirchenpolitischen Ziele der Deutschen Christen zusammenschlossen hatten. Sprecher waren u. a. Walter Künneth und Hanns Lilje.

[2] Etwa 7000 ev. Pfarrer unterschieben in den ersten vier Monaten die Verpflichtungserklärung des Pfarrernotbundes. Das war mehr als ein Drittel der gesamten ev. Pfarrerschaft zu dieser Zeit.

10 Der Skandal: Die Berliner Sportpalastkundgebung am 13. November 1933

Die Deutschen Christen des Gaues Groß-Berlin organisieren am 13. November 1933 im Berliner Sportpalast eine Großveranstaltung, die von 20.000 Menschen besucht wurde. Eine Reihe deutsch-christlicher Kirchenführer nehmen ebenfalls teil. Im Mittelpunkt steht die Rede des Gauobmanns Dr. Reinhold Krause, der zugleich Mitglied der preußischen Generalsynode ist, über »Die völkische Sendung Luthers«.

© Bildarchiv Preußischer Kulturbesitz

Er erklärt, die Reformation müsse im dritten Reich vollendet werden, der Totalitätsanspruch des Staates dürfe vor der Kirche nicht halt machen.

Keine Pastoren-, sondern Gemeindekirche! [...] Zu ihrem Bau sei nötig »Befreiung von allem Undeutschen im Gottesdienst und im Bekenntnismäßigen, Befreiung vom Alten Testament mit seiner jüdischen Lehrmoral [richtig: ›Lohnmoral‹][1], von diesen Viehhändler- und Zuhältergeschichten[2]. Mit Recht hat man dieses Buch als eines der fragwürdigsten Bücher der Weltgeschichte bezeichnet.« Artgemäßes Christentum, wie es in den Richtlinien der DC stehe, und Haften am Alten Testament schlössen sich aus. »Die Juden sind nicht Gottes Volk. Wenn wir NS uns schämen, eine Krawatte vom Juden zu kaufen, dann müssten wir uns erst recht schämen, irgend etwas, das zu unserer Seele spricht, das innerste Religiöse vom Juden anzunehmen. Hierher gehört auch, dass unsere Kirche keine Menschen judenblütiger Art mehr in ihren Reihen aufnehmen darf. Wir haben nicht nur die Judenmission bekämpft, sondern wir haben immer wieder betont:

Judenblütige Menschen gehörten nicht in die deutsche Volkskirche, weder auf die Kanzel, noch unter die Kanzel. Und wo sie auf den Kanzeln stehen, haben sie so schnell wie möglich zu verschwinden. – Es wird aber auch notwendig sein, dass unsere LK [Landeskirche] sich damit beschäftigt, dass alle offenbar entstellten und abergläubischen Berichte des Neuen Testaments entfernt werden und dass ein grundsätzlicher Verzicht auf die ganze Sündenbock- und Minderwertigkeitstheologie des Rabbiners Paulus[3] ausgesprochen wird, der eine Verfälschung jener Botschaft begangen hat, dieser schlichten Frohbotschaft: ›Liebe deinen Nächsten als dich selbst‹ [Mt 22,39], halte diesen Nächsten als deinen Bruder und Gott als deinen Vater. [...] Die reine Jesuslehre muss wieder die Grundlage der Kirche bilden. Wenn wir aus den Evangelien das herausnehmen, was zu unseren deutschen Herzen spricht, dann tritt das Wesentliche der Jesuslehre klar und leuchtend zutage, das sich – und darauf dürfen wir stolz sein – restlos deckt mit den Forderungen des Nationalsozialismus [...] Wir müssen fordern: Rückkehr zu einem heldischen Jesus, dessen Leben für uns vorbildliche Bedeutung besitzt und dessen Tod das Siegel auf dieses Leben ist, das der Beschluss eines heldischen und kämpferischen Lebens für die ihm von seinem Vater übertragende Aufgabe ist. Wir müssen uns daher auch hüten vor der übertriebenen Herausstellung des Gekreuzigten. Wir können als Führer keinen in der Ferne thronenden Gott brauchen, sondern nur den furchtlosen Kämpfer [...] Nicht knechtische Menschen, sondern stolze Menschen wollen wir haben, die sich dem Göttlichen verbunden und verpflichtet fühlen.« [...] »Wenn Luther heute lebte, wir dürften sicher sein, dass er der Vorkämpfer dieser deutschen Volkskirche wäre.«

Stenografische Mitschrift der Rede, 13.11.1933. Aus: Joachim Gauger, Chronik der Kirchenwirren, 1. Teil: Vom Aufkommen der »Deutschen Christen« 1932 bis zur Bekenntnis-Reichssynode im Mai 1934, Elberfeld 1934, S. 109 ff.

Die Versammlung nahm bei nur einer Gegenstimme folgende Entschließung an:

Entschließung des Gaues Groß-Berlin der Glaubensbewegung »Deutsche Christen« vom 13.11.1933

Die am 13. November im Berliner Sportpalast versammelten Mitglieder des Gaues Groß-Berlin der Glaubensbewegung Deutsche Christen haben folgenden Entschluss gefasst:

1. Wir sind als nationalsozialistische Kämpfer gewohnt, das Ringen um die Gestaltung einer großen Idee nicht mit einem faulen Frieden abzubrechen. Der kirchenpolitische Kampf kann für uns erst dann beendet sein, wenn das an vielen Orten zwischen Geistlichen und Gemeinden bestehende Misstrauen überall beseitigt worden ist, das durch offenen und heimlichen Widerstand der uns in der Mehrzahl noch feindlich oder verständnislos gegenüberstehenden Pfarrer entstanden ist. Ein dauernder Frieden kann hier nur geschaffen werden durch Versetzung oder Amtsenthebung aller der Pfarrer, die entweder nicht willens oder nicht fähig sind, bei der religiösen Erneuerung unseres Volkes und der Vollendung der deutschen Reformation aus dem Geist des Nationalsozialismus führend mitzuwirken. […]

3. Wir erwarten von unserer Landeskirche, dass sie den Arier-Paragraphen – entsprechend dem von der Generalsynode beschlossenen Kirchengesetz – schleunigst und ohne Abschwächung durchführt, dass sie darüber hinaus alle fremdblütigen evangelischen Christen in besondere Gemeinden ihrer Art zusammenfasst und für die Begründung einer judenchristlichen Kirche sorgt.

4. Wir erwarten, dass unsere Landeskirche als eine deutsche Volkskirche sich frei macht von allem Undeutschen in Gottesdienst und Bekenntnis insbesondere vom Alten Testament und seiner jüdischen Lohnmoral.

5. Wir fordern, dass eine deutsche Volkskirche Ernst macht mit der Verkündigung der von aller orientalischen Entstellung gereinigten schlichten Frohbotschaft und einer heldischen Jesus-Gestalt als Grundlage eines artgemäßen Christentums, in dem an die Stelle der zerbrochenen Knechtsseele der stolze Mensch tritt, der sich als Gotteskind dem Göttlichen in sich und in seinem Volke verpflichtet fühlt.

6. Wir bekennen, dass der einzige wirkliche Gottesdienst für uns der Dienst an unseren Volksgenossen ist, und fühlen uns als Kampfgemeinschaft von unserem Gott verpflichtet, mitzubauen an einer wehrhaften und wahrhaften völkischen Kirche, in der wir die Vollendung der deutschen Reformation Martin Luthers erblicken, und die allein dem Totalitätsanspruch des nationalsozialistischen Staates gerecht wird.

Entschließung des Gaues Groß-Berlin der Glaubensbewegung »Deutsche Christen«, in: Kirchliches Jahrbuch für die Evangelische Kirche in Deutschland 1933–1944, hrsg. von Joachim Beckmann, Gütersloh 1948, S. 29–30

Die Sportpalastkundgebung löste in weiten kirchlichen Kreisen eine Welle des Protestes aus. Die rassistischen und theologischen Äußerungen zu Juden und zum Alten Testament wurden als Skandal betrachtet. Es kam zu einem Massenaustritt und zu einem Zerfall der Glaubensbewegung, die damit ihre Stellung als zentrale kirchenpolitische Kampfbewegung verlor. Joachim Hossenfelder musste als Reichsleiter der Deutschen Christen zurücktreten. Dennoch verblieben viele Deutsche Christen in den kirchenleitenden Gremien. Eine Reihe von ihnen organisierte sich fortan unter der Führung der Thüringer Kirchenbewegung DC, die Gaugruppen im gesamten Deutschen Reich gründete. Der von Hitler geförderte Ludwig Müller, der auf der Nationalsynode am 23. September 1933 zum Reichsbischof gewählt worden war, legte im Zuge des Sportpalastskandals seine »Schirmherrschaft« über die Deutschen Christen nieder und rückte auch von seinem Plan ab, den »Arierparagraphen« in der gesamten Reichskirche einzuführen. Gleichwohl wurden in vielen Landeskirchen Pfarrer und andere Kirchenbeamte entlassen; die Kirchenleitungen solcher Landeskirchen folgten oft dem Gutachten der Erlanger theologischen Fakultät.

[1] »Lohnmoral« bezieht sich auf das Vorurteil, Juden hielten nur deshalb die Regeln der Tora ein, um sich die Belohnung durch Gott zu verdienen.

[2] Gemeint sind die Geschichten um die Patriarchen Abraham, Isaak und Jakob.

[3] Nach Paulus ist Jesus für die Sünde der Menschen gestorben (»Sündenbock«) und hat so die Menschen mit Gott versöhnt. Damit verbunden ist die Erkenntnis, dass alle Menschen vor Gott als Sünder stehen (»Minderwertigkeitstheologie«).

11 Marga Meusel: »... Endlich das erlösende Wort sprechen«

1935 hatte sich die Situation der Juden erheblich verschärft. Sie wurden systematisch aus allen akademischen und weiteren Berufen herausgedrängt, konnten keine Offiziere in der Wehrmacht sein und wurden im Juni und Juli 1935 auch vom Reichsarbeitsdienst und von der Wehrmacht grundsätzlich ausgeschlossen. Die Bekennende Kirche, die in der Barmer Theologischen Erklärung vom Mai 1934 zwar ihre Position zu den Deutschen Christen und zu dem Versuch des nationalsozialistischen Staates, die Kirche gleichzuschalten, klar formuliert, aber nichts zur Lage der Juden gesagt hatte,[1] war in kirchenpolitische Auseinandersetzungen verstrickt. Auch auf der 2. Bekenntnissynode in Berlin Dahlem (Oktober 1934) war die »Judenfrage« kein Thema. Nur wenige Mitglieder der Bekennenden Kirche nahmen die zunehmende Not ihrer christlichen und nicht christlichen jüdischen Mitbürgerinnen und -bürger wahr, so z. B. Charlotte Friedenthal und Marga Meusel.

Meusel war Leiterin des Evangelischen Bezirkswohlfahrtsamtes in Berlin-Zehlendorf, Friedenthal war ihre Mitarbeiterin. Beider Vorgesetzter war der Gründer des Pfarrernotbundes Martin Niemöller. Die beiden Frauen wurden täglich mit der Not jüdischer Familien konfrontiert. Sie schlugen dem Spandauer Superintendenten Martin Albertz vor, eine zentrale »Hilfsstelle für christliche Nichtarier« zu gründen. Weil sich der »Central-Ausschuss für die Innere Mission« ablehnend verhielt, bat Albertz Marga Meusel um eine *Denkschrift über die Aufgaben der Bekennenden Kirche an den evangelischen Nichtariern.* Bereits im Mai 1935 lag die Denkschrift vor, die Albertz an den Präses der Bekenntnissynode mit der Bitte schickte, sie auf der anstehenden Bekenntnissynode im August in Augsburg behandeln zu lassen. Tatsächlich aber befasste sich die Synode an keiner Stelle mit dem Vorschlag von Meusel, Friedenthal und Albertz. Der inzwischen amtsenthobene Theologieprofessor Karl Barth schrieb lakonisch aus der Schweiz: »(Die Bekenntniskirche) hat für Millionen von Unrecht Leidenden noch kein Herz.«

Foto: © Winfried Hartwig/www.nedwork.de

Aus der Denkschrift von Marga Meusel

Durch die Ariergesetzgebung sind weite Kreise in namenloses Elend gestürzt. Familienväter werden arbeitslos und kommen mit ihren Familien in wirtschaftliche Bedrängnis. Eltern sehen keine Existenzmöglichkeiten für ihre Kinder. Jugend sieht nichts als Dunkel vor sich. Zu der äußeren Notlage kommt eine ungeheure innere Belastung. [...] Unter den Betroffenen befinden sich die christlichen Nichtarier in der traurigsten Lage, ganz besonders aber die, die der evangelischen Kirche angehören.[...] »Dass die Botschaft von Jesus Christus als dem Heiland der Welt an alle Völker und somit auch an alle Rassen gerichtet ist, und dass demgemäß alle, die ihr glauben und auf sie getauft werden, zur Kirche Christi gehören, ist unbestritten. Die Glieder der Kirche sind untereinander Brüder. Der Begriff des Bruders schließt jede Rechtsungleichheit ebenso wie überhaupt jede in irdischen Verhältnissen vermeidbare Geschiedenheit aus.«

Meusel zitiert hier aus einem Gutachten der Marburger Theologischen Fakultät vom September 1933 zum »Arierparagraphen«[2]

Erkennt die Bekennende Kirche das an, dann muss sie die praktischen Konsequenzen ziehen und endlich das erlösende Wort sprechen zu ihren nichtarischen Brüdern. Dann muss sie sich ihrer Not annehmen und ihnen zu helfen suchen, ganz gleich welche äußeren Folgen das mit sich bringt. Wie muss diese Hilfe aussehen?

Sie muss eine doppelte sein: eine innere und eine äußere. Die erstere wird oft schon dadurch geleistet, dass jemand da ist, der für die Not Verständnis hat. Immer wieder wird uns gesagt: »Wir sind so dankbar, dass heute überhaupt noch eine Stelle da ist, zu der man mit seinen Anliegen kommen darf.« Ist diese immer wiederkehrende Äußerung nicht eine Anklage gegen die evangelischen Christen, die eben noch nicht erkannt haben, dass innerhalb der Kirche die Frage nach Rasse und Abstammung gar nicht gestellt werden darf? [...]

Bei Bewerbungen um Anstellungen innerhalb der evangelischen Kirche und der Inneren Mission darf die Frage: Arier oder Nichtarier? keine Rolle spielen. Sie ist grundsätzlich gar nicht erst zu stellen. Bei der Besetzung der Stellen darf neben der fachlichen Eignung nichts anderes maßgebend sein als die Verbundenheit in Jesus Christus, das gemeinsame Wissen um Schuld und Gnade.

Für die Aufnahme von Kindern evangelischer Nichtarier in evangelische Ausbildungsstätten muss das Gleiche gelten. Sie von der Aufnahme ausschließen ist gegen das Evangelium, gegen das Gebot der Liebe. [...]

Darüber hinaus müsste es eine evangelische Zentralstelle geben, die sich mit diesen Fragen beschäftigt. Sie müsste zunächst die Beratungsstelle für alle örtlichen Stellen sein. Als solche müsste sie orientiert sein über die gesetzlichen Bestimmungen, über die Möglichkeiten der Berufsausbildung, des Arbeitsmarktes, der Siedlung, – alles sowohl hinsichtlich des Inlandes wie des Auslandes. [...] Sie müsste auch die Stelle sein, die als das Gewissen der evangelischen Christen immer wieder darauf hinweist, dass wir eine Verantwortung denen gegenüber tragen, die doch unsere Brüder und Schwestern sind. [...]

Wenn die Bekennende Kirche die Arbeit an ihren nichtarischen Brüdern und Schwestern als ihre Aufgabe erkennt, dann muss sie sie irgendwie in Angriff nehmen. Dann muss sie auch in diesem Punkt ganz einfach den Weg des Gehorsams und des Glaubens gehen, auch wenn sie weiß, dass sie damit äußere Sicherungen verliert. Dann trägt die Verantwortung der Herr Christus, in dessen Auftrag sie handelt.

Viele Tausende evangelische Nichtarier warten schon lange auf ein solches Wort der Bekennenden Kirche, das ihnen beweist, dass sie ganz zu uns gehören als unsere Brüder und Schwestern.

Marga Meusel, Denkschrift über die Aufgaben der BK an den evangelischen »Nichtariern« (10. Mai 1935), Evangelisches Zentralarchiv Berlin, Akte 50/110, Bl. 100–109

Erst 1938 wurde in Berlin das »Büro Grüber« von der Bekennenden Kirche eingerichtet, das der Berliner Pastor und spätere Propst Heinrich Grüber leitete. Das Büro firmierte unter dem Namen »Hilfsstelle für nichtarische Christen« und ermöglichte es vor allem rassisch verfolgten evangelischen Christen aus dem nationalsozialistischen Deutschland auszuwandern. Das Büro Grüber wurde 1940 von der Gestapo geschlossen, Pfarrer Grüber bis 1943 in Konzentrationslager verschleppt. Seinem Stellvertreter, Werner Sylten, erging es noch schlimmer: Er wurde ebenfalls verhaftet, in ein Konzentrationslager inhaftiert und nach einer Erkrankung im August 1942 in Schloss Hartheim, einer »Euthanasie«-Tötungsanstalt, ermordet.

[1] 1967 schrieb Karl Barth, der die Barmer Theologische Erklärung maßgeblich mitverfasst hatte, an Eberhard Bethge (zu dessen Bonhoeffer-Biographie): »Neu war mir vor allem die Tatsache, dass Bonhoeffer 1933 als Erster, fast Einziger die Judenfrage so zentral und energisch ins Auge gefasst und in Angriff genommen hat. Ich empfinde es längst als eine Schuld meinerseits, dass ich sie im Kirchenkampf jedenfalls öffentlich ... nicht ebenfalls als entscheidend geltend gemacht habe.« (Karl Barth Gesamtausgabe V, Briefe 1961–1968, Zürich 75, S. 403).

[2] Im Gegensatz zum Gutachten der Erlanger Fakultät kam die theologische Fakultät der Universität Marburg in ihrem Gutachten zum »Arierparagraphen« zu dem Ergebnis, dass dieser als eindeutig bekenntniswidrig anzusehen sei.

12 Die Nürnberger Rassegesetze: Verboten, verboten, verboten

Die einschneidendste rechtliche Maßnahme gegen Jüdinnen und Juden war das »Gesetz zum Schutze des deutschen Blutes und der deutschen Ehre«, das am 15. September 1935 anlässlich des Reichparteitags der NSDAP verkündet wurde. Mit Zuchthaus und Gefängnisstrafen wurden Juden bestraft, die den Verboten des Gesetzes zuwiderhandelten. Genaue Ausführungsbestimmungen definierten, wie im Einzelfall zu verfahren war (s. u.). Mit den Nürnberger Gesetzen bestand fortan eine rechtliche Grundlage zur Verfolgung der Juden im nationalsozialistischen Deutschland.

Durchdrungen von der Erkenntnis, dass die Reinheit des deutschen Blutes die Voraussetzung für den Fortbestand des Deutschen Volkes ist, und beseelt von dem unbeugsamen Willen, die Deutsche Nation für alle Zukunft zu sichern, hat der Reichstag einstimmig das folgende Gesetz beschlossen, das hiermit verkündet wird:

§ 1

(1) Eheschließungen zwischen Juden und Staatsangehörigen deutschen oder artverwandten Blutes sind verboten. Trotzdem geschlossene Ehen sind nichtig, auch wenn sie zur Umgehung dieses Gesetzes im Ausland geschlossen sind. […]

§ 2

Außerehelicher Verkehr zwischen Juden und Staatsangehörigen deutschen oder artverwandten Blutes ist verboten.

§ 3

Juden dürfen weibliche Staatsangehörige deutschen oder artverwandten Blutes unter 45 Jahren in ihrem Haushalt nicht beschäftigen.

§ 4

(1) Juden ist das Hissen der Reichs- und Nationalflagge und das Zeigen der Reichsfarben verboten. […]

Die Nürnberger Gesetze, hrsg. vom Reichsausschuss für Volksgesundheit, gestaltet von Willi Hackenberger, Berlin 1935 (Steht auch im digitalen Zusatzmaterial zur Verfügung.)

13 Elisabeth Schmitz: Warum tut die Kirche nichts?

Elisabeth Schmitz, *23.8.1893 als Tochter eines Gymnasialprofessors in Hanau, † 10.9.1977 in Offenbach; 1914 in Frankfurt am Main Abitur; Studium Geschichte, evangelische Theologie und Germanistik in Bonn und Berlin; 1920 Promotion; als Lehrkraft im höheren Schuldienst an Berliner Schulen tätig, 1929 Anstellung als Studienrätin am Luisengymnasium Berlin. Von 1933 an Mitglied des Kirchenvorstands der Kaiser-Wilhelm-Gedächtniskirche. 1934: Anschluss an die Bekennende Kirche. 1935: Arbeit an einer anonymen Denkschrift *Zur Lage der deutschen Nichtarier,* 1936 ergänzt durch einen Nachtrag zu den Auswirkungen der Nürnberger Gesetze. 1938: Versetzung in den Ruhestand auf eigenen Wunsch, Hilfeleistung für rassisch Verfolgte, 1943 Rückkehr zu ihrer Familie nach Hanau; 1946 erneuter Eintritt in den Schuldienst. 2004 Ehrengrab der Evangelischen Kirche von Kurhessen-Waldeck und der Stadt Hanau.

Seit 1933 erlebte Elisabeth Schmitz in ihrem Freundes- und Bekanntenkreis die Auswirkungen der nationalsozialistischen Rassenpolitik. Ihr Entschluss, durch eine Denkschrift die Bekennende Kirche zu einer mutigen Intervention zugunsten der Juden aufzurufen, fand kein Gehör. Ihre Denkschrift, die sie in 200 Exemplaren eigenhändig vervielfältigte und an weite Kreise der Bekennenden Kirche verteilte, ist der deutlichste und mutigste Protest der Zeit gegen die Judenverfolgung, denn es ging Schmitz nicht nur um die nicht arischen Christen, sondern um alle nicht arischen Deutschen. Sie führt in ihrer Denkschrift präzise die Bereiche auf, in denen Jüdinnen und Juden von Entrechtung und Verfolgung betroffen waren, so die öffentliche Hetze gegen Juden, die Lage der Kinder, die Folgen für die jüdischen Familien, die existenziellen Notsituationen durch Berufsverbot und Boykott, die Diskriminierung durch das Wehrgesetz und in den Schulen. Für ihre Beobachtungen nutzte sie unterschiedlichste Zeitungen, Zeitschriften und weitere Quellen, die sie sorgfältig zitierte.

Schmitz beurteilte die Weigerung selbst der Vertreter der Bekennenden Kirche, sich der Not der Nichtarier anzunehmen, als Schuld und Sünde vor Gott. 1938 schrieb sie in einem Brief an den Pfarrer Helmut Gollwitzer: »Ich bin überzeugt, dass […] mit dem letzten Juden auch das Christentum aus Deutschland verschwindet. Das kann ich nicht beweisen, aber ich glaube es.«

Zur Lage der deutschen Nichtarier

In dem »Wort an die Obrigkeit« der Augsburger Bekenntnissynode[1] steht der Satz: »Wir müssen aber mit ehrerbietigem Ernst darauf hinweisen, dass Gehorsam im Widerspruch gegen Gottes Gebot nicht geleistet werden darf.«

Aus der Weltanschauung aber, die auf dem Mythos von Blut und Rasse beruht, und die die Grundlage des heutigen Staates, seiner Gesetze und gesamten Lebensäußerungen bildet, steigt in unzähligen Gestalten die Versuchung, ja die Forderung zum Ungehorsam gegen Gottes Gebote auf.

Es gibt einzelne Gebiete des staatlichen Lebens, die wir vor andern mit angstvoller Sorge betrachten, da in ihrer gesetzlichen Regelung die Verletzung der Gebote konstitutiv enthalten ist.

Aus diesen Gebieten sei hier die Ariergesetzgebung und der ganze, mit ihr in Zusammenhang stehende Bereich herausgegriffen.

Vor nunmehr bald 2 ½ Jahren ist eine schwere Verfolgung hereingebrochen über einen Teil unseres Volkes um seiner Abstammung willen, auch über einen Teil unserer Gemeindeglieder. Die unsagbare äußere und wohl noch größere innere Not, die diese Verfolgung über die Betroffenen bringt, ist weithin unbekannt und damit auch die Größe der Schuld, die das deutsche Volk auf sich lädt. […]

Im Namen von Blut und Rasse wird seit stark zwei Jahren die Atmosphäre in Deutschland unaufhörlich planmäßig vergiftet durch Hass, Lüge, Verleumdung, Schmähungen niedrigster Art in Reden, Aufrufen, Zeitschriften, Tagespresse, um die Menschen zu willigen Werkzeugen dieser Verfolgung zu machen. [Schmitz führt eine Reihe von Beispielen auf.]

Diese Beispiele sind Schlaglichter, die grell die Lage beleuchten. Diese Lage ist verzweifelt. Sie ist angesichts dieses Meeres von Hass, Verleumdung, Gemeinheit verzweifelt nicht nur für die, die es trifft, sondern noch viel mehr für das Volk, das dies alles tut und geschehen lässt. Die Bek[ennende] Kirche hat sich feierlich zu ihrem Wächteramt nach Hes[ekiel] 3 bekannt. Will sie sich nicht erbarmen über ihre Glieder und ihren Wächterruf erschallen lassen, um Augen zu öffnen und Gewissen wachzurütteln? Der Feind – die Vergötzung von Blut und Rasse – steht drohend unmittelbar vor der Mauer und wohl schon nicht mehr vor der Mauer. [...]

Wer ruft die Gemeinden und unser ganzes Volk zurück zu dem, nach dem alles Christentum sich nennt? Zu dem, der seiner Kirche gerade den Samariter, den »artfremden«, verachteten »Mischling« als das große Beispiel der Barmherzigkeit, des praktischen Christentums hinstellt? Zu dem, der gesagt hat: Liebe Deinen Nächsten wie Dich selbst – und gegen dessen Gebote es sich empört? Und wer von uns wagt, sich zu sondern von seinem Volk, das diese Schuld auf sich lädt? Dieses Volkes Schuld ist auch unsere Schuld. [...]

Auf wirtschaftlichem Gebiet aber wird mit allen Mitteln der Boykott erpresst: durch Listen jüdischer Geschäfte, durch Verbot von Inseraten nichtarischer Geschäfte, durch Spruchbänder und Umzüge mit Sprechchören: »Wer beim Juden kauft, ist ein Volksverräter«, durch Anprangerung der Namen derer, die in jüdischen Geschäften kaufen, ja durch Photographien mit der Unterschrift: »Wer kennt ihn? Er kaufte beim Juden.« – Wer hat besonders in kleinen Orten und auf dem Lande einem solchen Terror gegenüber den Mut, diese Blockade, die den Blockierten aushungern soll, zu durchbrechen? [Schmitz führt weitere Beispiele an.]

Die Beispiele genügen um zu zeigen, dass es keine Übertreibung ist, wenn von dem Versuch der Ausrottung des Judentums in Deutschland gesprochen wird. [...] Wir haben keine Verlustlisten dieser Verfolgung. Aber wir müssen uns klar machen, dass bereits Hunderte, vielleicht noch sehr viel mehr Menschenleben dieser Verfolgung zum Opfer gefallen sind. [...]

Was soll man antworten auf all die verzweifelten, bitteren Fragen und Anklagen: Warum tut die Kirche nichts? Warum lässt sie das namenlose Unrecht geschehen? Wie kann sie immer wieder freudige Bekenntnisse zum nationalsozialistischen Staat ablegen, die doch politische Bekenntnisse sind und sich gegen das Leben eines Teiles ihrer eigenen Glieder richten? Warum schützt sie nicht wenigstens die Kinder? Sollte denn alles das, was mit der heute so verachteten Humanität schlechterdings unvereinbar ist, mit dem Christentum vereinbar sein?

Und wenn die Kirche um ihrer völligen Zerstörung willen in vielen Fällen nichts tun kann, warum weiß sie dann nicht wenigstens um ihre Schuld? Warum betet sie nicht für die, die dies unverschuldete Leid und die Verfolgung trifft? Warum gibt es nicht Fürbittegottesdienste, wie es sie gab für die gefangenen Pfarrer? Die Kirche macht es einem bitter schwer, sie zu verteidigen.

Elisabeth Schmitz: Denkschrift zur Lage der deutschen Nichtarier (1935/36); Evangelisches Zentralarchiv Berlin, Akte 50/110, Bl. 2–23; zit. nach: Manfred Gailus (Hg.), Mir aber zerriss es das Herz. Der stille Widerstand der Elisabeth Schmitz, Göttingen, 2. Aufl. 2011, S. 223–242

[1] Im Juni 1935 fand die Dritte Reichsbekenntnissynode in Augsburg statt. Sie beschäftigte sich nicht mit Marga Meusels Denkschrift *Aufgaben der Bekennenden Kirche an den evangelischen Nichtariern* (vgl. Kapitel 11).

14 »An den Führer und Reichskanzler« – Die Kirche klagt an. Endlich!

Nach jahrelangem Zögern und Schweigen richtete die 2. Vorläufige Leitung der Deutschen Evangelischen Kirche[1] im Juni 1936 eine Denkschrift an Hitler, in der sie die Rechtsverletzungen und Verfolgung von Juden anprangerte. Vorausgegangen war 1935 eine Polizeiaktion gegen mehr als 500 bekenntnistreue Pfarrer in Preußen, die eine scharfe Kanzelabkündigung gegen die rassisch-völkische Weltanschauung verlesen hatten, die der Abgötterei bezichtigt wurde. Die Pfarrer wurden verhaftet und mehrere Tage inhaftiert – ein bedrohliches Signal für die Bekennende Kirche, die nun wusste, was sie vom nationalsozialistischen Staat zu erwarten hatte. Der Plan einer kritischen Denkschrift zugunsten jüdischer Mitbürger und Mitchristen war daher zunächst sehr umstritten. Nach langen Beratungen in der Vorläufigen Leitung der DEK sprach sich eine Mehrheit für eine offene Sprache gegenüber Hitler aus, auch auf die Gefahr einer Verfolgung hin.

Im Einzelnen spricht die Denkschrift die Gefahr der Entchristlichung, die Umdeutung des christlichen Glaubens unter der Parole vom »positiven Christentum«, die Zerstörung der kirchlichen Ordnung, die Entkonfessionalisierung, die nationalsozialistische Weltanschauung und die Aushöhlung von Sittlichkeit und Recht an.

Eine Reaktion auf die Denkschrift erfolgte zunächst nicht, offenbar hatte sie Hitler gar nicht erreicht. Sieben Wochen später wurde die Denkschrift plötzlich in der Auslandspresse in Auszügen abgedruckt – eine für die 2. Vorläufige Kirchenleitung gefährliche Situation, wusste sie doch nicht, wer die Denkschrift an die Presse weitergegeben hatte! Da aber gleichzeitig die Olympischen Spiele begannen und der Polizeiapparat sich zurückhalten musste, druckten die Führungsgremien der Bekennenden Kirche die veröffentlichten Auszüge in hoher Auflage nach und verbreiteten sie. Im August nahm die 2. Vorläufige Kirchenleitung in einer Kanzelabkündigung noch einmal Stellung zu der Denkschrift, allerdings ohne die Anklage der Menschenrechtsverletzungen zu wiederholen. Der Kirchenminister verbot die Kanzelabkündigung, die ›intakten‹ Kirchen übernahmen die Kanzelabkündigung nicht, sondern distanzierten sich. Dennoch wurde diese Abkündigung in nahezu einer Million Exemplaren gedruckt und von mehreren tausend entschiedenen Pfarrern verlesen; dies Vorgehen führte dazu, dass allein 1937 fast 800 Pfarrer und Kirchenjuristen wegen Landesverrats verhaftet und angeklagt wurden.

Tragisch verlief der weitere Prozess: Der Kanzleichef der 2. Vorläufigen Kirchenleitung, Friedrich Weißler, war aus nationalsozialistischer Sicht ein getaufter Jude; er hatte die Denkschrift intensiv betreut, sie aber kurzzeitig einem ihm bekannten Vikar überlassen, der die Denkschrift an die ausländische Presse übergab. Weißler wurde verhaftet und gefoltert, die Vorläufige Kirchenleitung entließ Weißler und gab ihn damit der Gestapo preis. Im Februar 1937 wurde Weißler in das KZ Sachsenhausen gebracht und gefoltert, sechs Tage später war er tot, erhängt am Fensterkreuz.

Die Deutsche Evangelische Kirche, vertreten durch die geistlichen Mitglieder ihrer Vorläufigen Leitung und den dieser zur Seite stehenden Rat, entbieten dem Führer und Reichskanzler ehrerbietigen Gruß.

Die Deutsche Evangelische Kirche ist mit dem Führer und seinen Ratgebern eng verbunden durch die Fürbitte, die sie öffentlich wie in der Stille für Volk, Staat und Regierung übt. Darum hat die Vorläufige Leitung der Deutschen Evangelischen Kirche in Verbindung mit dem Rat der Deutschen Evangelischen Kirche es auf sich nehmen dürfen, die Sorgen und Befürchtungen, die viele Christen in Gemeinden, Bruderräten[2] und Kirchenleitungen im Blick auf die Zukunft des evangelischen Glaubens und der Evangelischen Kirche in Deutschland bewegen […] in dem vorliegenden Schreiben zum Ausdruck zu bringen […].

5. Nationalsozialistische Weltanschauung

Von den evangelischen Angehörigen der NS-Organisationen wird gefordert, sich uneingeschränkt auf die nationalsozialistische Weltanschauung zu verpflichten. Diese Weltanschauung wird vielfach als ein positiver

Ersatz des zu überwindenden Christentums dargestellt und ausgegeben.

Wenn hier Blut, Rasse, Volkstum und Ehre den Rang von Ewigkeitswerten erhalten, so wird der evangelische Christ durch das erste Gebot gezwungen, diese Bewertung abzulehnen. Wenn der arische Mensch verherrlicht wird, so bezeugt Gottes Wort die Sündhaftigkeit aller Menschen.

Wenn den Christen im Rahmen der nationalsozialistischen Weltanschauung ein Antisemitismus aufgedrängt wird, der zum Judenhass verpflichtet, so steht für ihn dagegen das christliche Gebot der Nächstenliebe. Einen besonders schweren Gewissenskonflikt bedeutet es für unsere evangelischen Gemeindeglieder, wenn sie das Eindringen dieser antichristlichen Gedankenwelt bei ihren Kindern, ihrer christlichen Elternpflicht entsprechend, bekämpfen müssen.

6. Sittlichkeit und Recht [...]

Die evangelischen Christen sind auf Grund der Heiligen Schrift davon überzeugt, dass Gott der Schützer des Rechts und der Rechtlosen ist; darum empfinden wir es als Abkehr von ihm, wenn Willkür in Rechtsdingen einzieht und Dinge geschehen, die nicht recht sind vor dem Herrn. [...]

Das evangelische Gewissen, das sich für Volk und Regierung mitverantwortlich weiß, wird aufs härteste belastet durch die Tatsache, dass es in Deutschland, das sich selbst als Rechtsstaat bezeichnet, immer noch Konzentrationslager gibt und dass Maßnahmen der Geheimen Staatspolizei jeder richterlichen Nachprüfung entzogen sind. [...]

7. Der Anspruch Gottes

Wir haben in Offenheit die große Sorge weiter evangelischer Kreise zu begründen versucht, dass maßgebliche Kräfte im heutigen Staate eine Unterdrückung der Evangelischen Kirche, eine Zersetzung ihres Glaubens, eine Beseitigung der evangelischen Sittlichkeit, kurz eine Entchristlichung im weitesten Umfang betreiben. [...] Die Reichsregierung wolle sich, darum bitten wir, die Frage vorlegen, ob es unserem Volke auf die Dauer zuträglich sein kann, wenn der bisherige Weg weiter beschritten wird. [...] Auch eine große Sache muss, wo sie sich gegen den offenbaren Willen Gottes stellt, am Ende das Volk ins Verderben führen. [...]

Unser Volk droht die ihm von Gott gesetzten Schranken zu zerbrechen: Es will sich selbst zum Maß aller Dinge machen. Das ist menschliche Überheblichkeit, die sich gegen Gott empört. In diesem Zusammenhang müssen wir dem Führer und Reichskanzler unsere Sorge kundtun, dass ihm vielfach Verehrung in einer Form dargebracht wird, die Gott allein zusteht. Noch vor wenigen Jahren hat der Führer selbst missbilligt, dass man sein Bild auf evangelische Altäre stellte. Heute wird immer ungehemmter [...] er selbst mit der religiösen Würde des Volkspriesters, ja des Mittlers zwischen Gott und Volk umkleidet.[3] [...]

Was wir in diesem Schreiben dem Führer gesagt haben, mussten wir sagen in der Verantwortung unseres Amtes. Die Kirche steht in der Hand des Herrn.

2. Vorläufige Leitung der Deutschen Evangelischen Kirche, Denkschrift an Hitler, Juni 1936; zit. nach: Kirchliches Jahrbuch für die evangelische Kirche in Deutschland 1933–1944, hg. von J. Beckmann, Gütersloh 1948, S. 130–135

[1] Die evangelische Kirche war seit 1934 in mehrere Gruppen gespalten: Es gab Landeskirchen, die von deutschchristlichen Kirchenleitungen geführt wurden, ›intakte‹ Landeskirchen (Hannover, Württemberg, Bayern), deren Bischöfe vermittelnde Positionen einnahmen und die Bekennende Kirche in ›zerstörten‹ Landeskirchen, die sich radikal gegen die Einflussnahme des Staates auf die Kirche wehrte und ›wahre Kirche‹ zu sein beanspruchten. Intakte Kirchen und Bekennende Kirche bildeten 1934 eine »vorläufige Kirchenleitung«, die Anspruch auf die Gesamtleitung der Deutschen Evangelischen Kirche erhob. 1936 kam es zu einer erneuten Spaltung, als die intakten lutherischen Kirchen sich aus Sorge um die staatliche Anerkennung in einem ›Lutherrat‹ zusammenschlossen und eine eigene Kompromisspolitik gegenüber dem Staat und dem gemäßigten Flügel der Deutschen Christen betrieben. Die entschiedeneren Vertreter der Bekennenden Kirche bildeten daraufhin eine 2. Vorläufige Leitung der Deutschen Evangelischen Kirche, die sich der Zusammenarbeit mit staatlich installierten Kirchenausschüssen und dem staatlichen Kirchenminister verweigerte.

[2] Bruderräte waren in den zerstörten Kirchen Leitungsorgane der Bekennenden Kirche.

[3] Vgl. Kapitel 7.

15 Der Kronzeuge gegen die Juden: Jesus

Die Deutschen Christen hatten ein entscheidendes Problem: Das Christentum berief sich auf Jesus von Nazareth – und dieser Jesus war schließlich selbst Jude. Oder ließ sich die jüdische Herkunft Jesu vielleicht bestreiten? An dieser Frage waren die Deutschen Christen nach den Nürnberger Gesetzen von 1935 so interessiert, dass sie akribisch versuchten, Jesus aus seinem jüdischen Kontext herauszulösen, etwa so:

»Kann man Jesus überhaupt vom Judentum loslösen?«

[…] Es ist nicht möglich, im Rahmen einer kleinen Schrift alle Einzelheiten darzulegen, wie aufgrund der so genannten **Galiläerhypothese** die höchste Wahrscheinlichkeit dargetan werden kann, dass Jesus blutmäßig kein Jude war. Galiläa als »Heidengau« war zwar durch die jüdische Mission etwa 100 vor Christus für die Synagoge gewonnen worden, aber durch religiöse Missionierung ändert sich der blutmäßige Charakter nicht! Eben weil Jesus Galiläer war und seine weitaus meisten Anhänger ebenfalls, darum wurde er ja abgelehnt. »Was kann von Nazareth Gutes kommen?« fragte der eingebildete Jude. (Joh. 1,46.) […].

Wir schließen uns dem Standpunkt von **H. St. Chamberlain**[1] an […]: »**Die Wahrscheinlichkeit, dass Christus kein Jude war, dass er keinen Tropfen echt jüdischen Blutes in den Adern hatte, ist so groß, dass sie fast einer Gewissheit gleichkommt.**«

2. Dieser Befund einer kritischen Prüfung der Angaben über Jesu rassische Zugehörigkeit zum Judentum wird noch verstärkt, wenn man Jesu Urteile über das Judentum […] heranzieht. […] Dass Jesus mit den »besten und frömmsten Juden« seiner Zeit, den Pharisäern, am heftigsten zusammenstieß, rührt von letzten Unterschieden her.

Man lese einmal jene Worte aus Joh. 8,44ff. Selbst Martin Luther oder der »Stürmer«, deren judenfeindliche Einstellung überall bekannt ist, haben nicht eine solche schonungslose Schärfe dem Judentum gegenüber an den Tag gelegt, wie Jesu[s]. Es ist einer wirklich der »erste Judengegner von Format«, wenn er zu den Juden sagt: »**Ihr seid vom Vater, den Teufel, und nach eures Vaters Lust wollt ihr tun. Derselbe ist ein Mörder von Anfang an und ist nicht bestanden in der Wahrheit.**« […] Er, der selbst von den Juden umgebracht wurde um der Wahrheit willen, für die zu zeugen er sich gesandt wusste, hat die **zwei Wesenszüge des satanischen Judentums** in ihrer gottwidrigen Furchtbarkeit erkannt: **Mord und Lüge!!** […]

5. Seiner Konfession nach war Jesus zunächst Jude; dem Blute nach, wie oben gezeigt, nicht. Aber noch bekannter ist die Tatsache, dass **Jesus ein Rebell war gegen die jüdische Frömmigkeit und dass er als »Gotteslästerer« in den Augen des priesterlichen Judentums fiel.** Wenn man sich fragt, welches die *wesentlichen Züge des religiösen Judentums* waren, dann wird man drei nennen können: *die Gesetzlichkeit, die Tempelgebundenheit und die Priesterherrschaft.* Aber gerade gegen diese drei Züge hat sich der Heiland in leidenschaftlicher Weise aufgelehnt. […]

6. Jesus bedeutet so das Ende des Judentums nach jeder Richtung. Weil er von der Gottesunmittelbarkeit aller wahren Gottsucher spricht, lehnt er den ganzen Apparat von Gesetz, Religionsbetrieb in Tempeln und Synagogen, ja den Priestergedanken ab. […] So wollen wir die neue religiöse Gemeinschaft der Deutschen gestalten: im Geiste eines positiven Christentums, wie es uns aus dem Leben und der ursprünglichen Botschaft Jesu entgegenleuchtet, und im Gehorsam gegen die Gottesordnung des an Blut und Boden gebundenen Volkstums. Von den jüdischen Schlacken befreien wir das Evangelium. […] Wir kämpfen daher um ein judenfreies deutsches Christentum und wissen, dass wir dabei in der Nachfolge des Heilandes stehen.«

Bund für Deutsches Christentum (Hg.), Jesus und die Juden! Deutsche Christen im Kampf. Schriften zur allgemeinen Unterrichtung, Heft 1, Weimar 1937, S. 3–8;

[1] Houston Stewart Chamberlain (1855–1927), Schriftsteller. Sein Buch *Grundlagen des neunzehnten Jahrhunderts* wurde zum Standardwerk des rassischen und nationalsozialistischen Antisemitismus.

16 Als die Synagogen brannten: Die Reichspogromnacht

Am 9./10. November 1938 brannten in ganz Deutschland die Synagogen. Initiiert und koordiniert vom Reichspropagandaminister Goebbels und organisiert vom Chef der Sicherheitspolizei Heydrich fanden Massenpogrome statt, die von Angehörigen der SA und der NSDAP durchgeführt wurden. Willkommener Anlass war die Ermordung des Gesandtschaftsrats Ernst vom Rath durch den 17-jährigen Juden Herschel Grynszpan in der deutschen Botschaft Paris. Die Bilanz der Tage vom 8.–13.11.1938: 191 zerstörte Synagogen, ca. 7500 zerstörte und geplünderte jüdische Geschäfte, Verwüstung vieler jüdischer Wohnungen und fast aller Friedhöfe. Mindestens 400 Juden wurden allein in der Pogromnacht ermordet oder töteten sich selbst, 30.000 wurden festgenommen und in Konzentrationslagern inhaftiert, unzählige verletzt, misshandelt und vergewaltigt.

Die Polizei schritt auf Anweisung von Goebbels nicht ein, die Nachbarn, Bekannten, Bürgerinnen und Bürger schauten zu, manche beteiligten sich an den Ausschreitungen und Plünderungen oder stimmten in Hetzgesänge ein. Obendrein wurde den Juden von Generalfeldmarschall Göring auferlegt, für die entstandenen Schäden aufzukommen und eine Sondersteuer in Höhe von 1,12 Mrd. Reichsmark zu zahlen.

Und die Kirche? Wohl gab es scharfe Stellungnahmen von Kirchen im Ausland und von ökumenischen Institutionen, aber keiner der führenden Vertreter der Deutschen Evangelischen Kirche protestierte öffentlich. Allenfalls halbherzige Mahnungen, Gottes Gebote nicht zu übertreten, wurden geäußert. Beispielhaft ist die briefliche Stellungnahme des Bischofs der ›intakten‹ württembergischen Landeskirche Theophil Wurm gegenüber dem Reichsjustizminister Dr. Gürtner, dem er nach ausführlichen Loyalitätsbeteuerungen schreibt:

Weil wir unserem Volk ersparen möchten, dass es später dieselben Demütigungen und Leiden über sich ergehen lassen muss, denen jetzt andere preisgegeben sind, erheben wir im Blick auf unser Volk fürbittend, mahnend, warnend unsere Hände, auch wenn wir wissen, dass man uns deshalb Judenknechte schilt und mit ähnlichem Vorgehen bedroht, wie es gegen Juden angewandt worden ist. [...] Ich bestreite mit keinem Wort dem Staat das Recht, das Judentum als gefährliches Element zu bekämpfen. Ich habe von Jugend auf das Urteil von Männern wie Heinrich v. Treitschke und Adolf Stöcker über die zersetzende Wirkung des Judentums auf religiösem, sittlichem, literarischem, wirtschaftlichem und politischem Gebiet für zutreffend gehalten und vor 30 Jahren als Leiter der Stadtmission in Stuttgart gegen das Eindringen des Judentums in die Wohlfahrtspflege einen öffentlichen und nicht erfolglosen Kampf geführt.[1]

Die Bekennende Kirche war zu dieser Zeit weitgehend handlungsunfähig. Nur einzelne Pfarrer wagten es, sich z. B. in Bußtagspredigten – der Buß- und Bettag fand eine Woche nach den Pogromen am 16.11.1938 statt – mit den Verfolgten zu solidarisieren. Am deutlichsten geschah dies in der Predigt des Pfarrers Julius von Jan aus Oberlenningen bei Kirchheim/Teck. Von Jan erfuhr von seinem Landesbischof Wurm keinerlei Unterstützung, im Gegenteil: Wurm distanzierte sich eher von dem Vorgehen von Jans. Auch als von Jan von einem Schlägertrupp überfallen, zusammengeschlagen, inhaftiert und verurteilt wurde, erhielt er zwar fürsorgliche Begleitung, aber keine öffentliche Rückendeckung.

[1] Zit. nach Eberhard Röhm/Jörg Thierfelder: Juden – Christen – Deutsche, Bd. 3/1 1938–1941, Stuttgart 1995, S. 79.

Jeremia 22,29

Liebe Gemeinde!

Der Prophet ruft: O Land, Land, höre des Herrn Wort! Wenn wir bloß dieses eine Sätzlein hören, so verstehen wir zunächst noch nicht, was für schwere Kämpfe und Nöte den Jeremia zu diesem Ruf veranlasst haben. Er steht in einem Volk, unter dem sich der Herr in langer Geschichte geoffenbart hat als ein Vater und Erlöser, als ein Führer und Helfer voll Kraft und Gnade und Herrlichkeit. Dieses Volk Israel aber und voran seine Könige und seine Fürsten haben das Gesetz Gottes mit Füßen getreten. Jeremia hat gegen all dieses Unrecht einen zähen Kampf geführt im Namen Gottes und der Gerechtigkeit. In tiefem Schmerz darüber schreit Jeremia in sein Volk hinein: O Land, Land höre des Herrn Wort! [...] Warum wirst du dem treuen Gott untreu? Warum achtest du seine Gebote nicht mehr? Siehst du nicht, wie's deinen Königen deshalb ergangen ist?

Pfarrer Julius von Jan 1935 - 38 und 1945 -49

O Land, liebes Heimatland, höre des Herrn Wort! In diesen Tagen geht durch unser Volk ein Fragen: Wo ist in Deutschland der Prophet, der in des Königs Haus geschickt wird, um des Herrn Wort zu sagen? Wo ist der Mann, der im Namen Gottes und der Gerechtigkeit ruft, wie Jeremia gerufen hat: Haltet Recht und Gerechtigkeit, errettet den Beraubten von des Frevlers Hand! Schindet nicht die Fremdlinge, Waisen und Witwen und tut niemand Gewalt und vergießt nicht unschuldig Blut!

Gott hat uns solche Männer gesandt! Sie sind heute entweder im Konzentrationslager oder mundtot gemacht. Die aber, die in der Fürsten Häuser kommen und dort noch heilige Handlungen vollziehen können, sind Lügenprediger wie die nationalen Schwärmer zu Jeremias Zeiten und können nur Heil und Sieg rufen, aber nicht des Herrn Wort verkündigen [...]

Wenn nun die einen schweigen müssen und die andern nicht reden wollen, dann haben wir heute wahrlich allen Grund, einen Bußtag zu halten, einen Tag der Trauer über unsre und des Volkes Sünden.

Ein Verbrechen ist geschehen in Paris. Der Mörder wird seine gerechte Strafe empfangen, weil er das göttliche Gesetz übertreten hat. Wir trauern mit unserm Volk um das Opfer dieser verbrecherischen Tat. Aber wer hätte gedacht, dass dieses eine Verbrechen in Paris bei uns in Deutschland so viele Verbrechen zur Folge haben könnte? Hier haben wir die Quittung bekommen auf den großen Abfall von Gott und Christus, auf das organisierte Antichristentum. Die Leidenschaften sind entfesselt, die Gebote Gottes missachtet, Gotteshäuser, die andern heilig waren, sind ungestraft niedergebrannt worden, das Eigentum der Fremden geraubt oder zerstört. Männer, die unserm deutschen Volk treu gedient haben und ihre Pflicht gewissenhaft erfüllt haben, wurden ins KZ geworfen, bloß weil sie einer andern Rasse angehörten! Mag das Unrecht auch von oben nicht zugegeben werden – das gesunde Volksempfinden fühlt es deutlich, auch wo man nicht darüber zu sprechen wagt.

Und wir als Christen sehen, wie dieses Unrecht unser Volk vor Gott belastet und seine Strafen über Deutschland herbeiziehen muss. Denn es steht geschrieben: Irret euch nicht! Gott lässt seiner nicht spotten. Was der Mensch säet, das wird er auch ernten! [Gal 6,7] Ja, es ist eine entsetzliche Saat des Hasses, die jetzt wieder ausgesät worden ist. Welche entsetzliche Ernte wird daraus erwachsen, wenn Gott unserm Volk und uns nicht Gnade schenkt zu aufrichtiger Buße. [...]

Wenn wir heute mit unsrem Volk in der Buße vor Gott gestanden sind, so ist dies Bekennen der Schuld, von der man nicht sprechen zu dürfen glaubte, wenigstens für mich auch heute gewesen wie das Abwerfen einer großen Last. Gott Lob! Es ist herausgesprochen vor Gott und in Gottes Namen. Nun mag die Welt mit uns tun, was sie will. Wir stehen in unsres Herren Hand. Gott ist getreu! Du aber, o Land, Land, Land, höre des Herrn Wort! Amen.

Julius von Jan, Bußtagspredigt, 16.11.1938; Aus: Landeskirchliches Archiv des Evangelischen Oberkirchenrats, Stuttgart

17 Martin Sasse: »Weg mit ihnen!«

Die kirchlichen Reaktionen auf die Reichspogromnacht 1938 waren höchst unterschiedlich: Einige mutige Christinnen und Christen klagten die gewaltsamen Ausschreitungen an, die große Mehrheit schwieg oder verharrte in einer Art Schockstarre, führende Vertreter wagten aus Angst vor staatlichem Vorgehen gegen die Kirche keine öffentliche Stellungnahme – und dann gab es noch diejenigen, die die Pogrome guthießen, Deutsche Christen wie den Landesbischof der thüringischen Kirche, Martin Sasse.

* 15.8.1890 in Großdrenzig/Guben; 1911–1914 stud. theol. Tübingen, Halle, Berlin, Jena; 1914–1918 Weltkriegsteilnehmer; ab 1921/22 Pfarrer; 1930 NSDAP-Mitglied und Mitglied der Kirchenbewegung Deutsche Christen; Januar 1933 Abgeordneter der Deutschen Christen im thüringischen Landeskirchentag; ab September 1933 hauptamtliches Mitglied des Landeskirchenrates der Thüringer evangelischen Kirche; 1.3.1934 Ernennung zum thüringischen Landesbischof; 1939 Mitglied der Arbeitsgemeinschaft ev. Kirchenleiter, Unterzeichner der Godesberger Erklärung und Verwaltungsratsmitglied des Eisenacher »Entjudungsinstituts«; †28.8.1942 Eisenach.

Die Vertreter der Landeskirche Sasses repräsentierten die radikalste Richtung der Deutschen Christen. Als führender Kopf betrieb Sasse die Unterordnung seiner Kirche unter die nationalsozialistische Rassenideologie und ihre ›Entjudung‹, verfolgte die Anhänger der Bekennenden Kirche und arbeitete mit der Gestapo zusammen. Unmittelbar nach der Reichspogromnacht veröffentlichte Sasse ein Pamphlet mit dem Titel *Martin Luther über die Juden: Weg mit ihnen!*

Das Buch enthielt Auszüge der schlimmsten Äußerungen Luthers, vor allem aus der Schrift *Von den Juden und ihren Lügen* von 1543.

Sasse verfasste auch eine Erklärung, die in den thüringischen Kirchen am Buß- und Bettag 1938 verlesen werden sollte. Sie lautet:

Der feige Mord eines Juden an dem Gesandschaftsrat vom Rath in Paris hat unser gesamtes deutsches Volk aufs tiefste empört. Dieses Verbrechen erhellt schlaglichtartig, worum es heute im christlichen Abendlande geht. Es geht um den weltgeschichtlichen Kampf gegen den volkszersetzenden Geist des Judentums. Der Nationalsozialismus hat in unserer Zeit diese Gefahr am klarsten erkannt und in verantwortungsvollem Ringen um die deutsche Volksgemeinschaft der jüdisch-bolschewistischen[1] Gottlosigkeit den schärfsten Kampf angesagt. Aufgabe der Kirche in Deutschland ist es, aus christlichem Gewissen und nationaler Verantwortung in diesem Kampfe treu an der Seite des Führers zu stehen.

Die Leitung der Thüringer evangelischen Kirche ist in Erkenntnis dieser Aufgabe nicht müde geworden, auf den unüberwindlichen Gegensatz zwischen Christentum und Judentum hinzuweisen. Im Namen des christlichen Glaubens hat sie an ihrem Teile den Kampf gegen den zersetzenden Geist des Judentums geführt und jegliche Verherrlichung des jüdischen Volkes aufs schärfste bekämpft.

Wer aus einem falschen Verständnis des Evangeliums heraus heute noch wähnt, die Verfälschung von deutscher christlicher Frömmigkeit durch den jüdischen Geist aufrecht erhalten zu müssen, den rufen wir gerade in diesem ereignisreichen Jahr 1938 erneut zu ernster Besinnung und Umkehr auf. Der Kampf gegen die jüdische Weltgefahr ist in ein entscheidendes Stadium getreten. Die Stunde gebietet, dem deutschen Volke die Quellen der ewigen Wahrheit neu und rein zu erschließen.

Die Nationalkirche Nr. 48 vom 27.11.1938, S. 519

[1] »Jüdisch-bolschewistisch« war im Jargon der NS-Propaganda eine stehende Bezeichnung für die durch Lenin initiierte kommunistische Revolution, die als jüdisch dominiert dargestellt wurde.

18 Exkurs: Luther – Wegbereiter des Nationalsozialismus?

Es hat in der Geschichtswissenschaft durchaus Versuche gegeben, eine eindeutige Linie von Luther bis hin zur Shoah zu ziehen. Dieser Versuch dürfte so nicht haltbar sein, da Luther nie für eine Ermordung der Juden eingetreten ist. Wohl aber beriefen sich Judenfeinde immer wieder auf Luthers Einstellung.

Die furchtbare Spätschrift Luthers *Von den Juden und ihren Lügen* wurde zu Lebzeiten Luthers nur zweimal gedruckt und war unter führenden reformatorischen Theologen umstritten. Einen größeren Einfluss auf die Judenpolitik der evangelischen Stände hat sie nicht gehabt, wohl aber wurde sie vom Straßburger Rat und durch kaiserliches Mandat verboten. Zwar wurde die Schrift im 16. Jahrhundert mehrfach neu aufgelegt, aber seit dem 17. Jahrhundert geriet sie mehr und mehr in Vergessenheit, weil sich das pietistische[1] Missionsinteresse an einer Bekehrung der Juden eher an der Frühschrift Luthers *Dass Jesus Christus ein geborener Jude sei* orientierte.

Passanten vor einem Stürmer-Kasten, Worms, 1933

Dies änderte sich erst, als in der zweiten Hälfte des 19. Jahrhunderts der rasseideologische Antisemitismus an Boden gewann. Dessen Wurzeln reichten weit bis die mittelalterliche Geschichte zurück, formierte sich aber erst in der Verbindung mit nationalistischen, völkischen Ideen. Breite protestantische Kreise waren durch den traditionellen religiös begründeten Antijudaismus sehr empfänglich für den neuen Antisemitismus auf rassisch-völkischer Grundlage. Daher wurde Luther schon gegen Ende des 19. Jahrhunderts antisemitisch in Anspruch genommen und als Gewährsmann dafür ausgegeben, dass ›Judentum‹ und ›Deutschtum‹ grundsätzlich unvereinbar seien. Mehrfach wurde nun, vor allem in den 30er-Jahren des 20. Jahrhunderts, Luthers Spätschrift ganz oder in Auszügen nachgedruckt und zur politischen Agitation benutzt. Immer wieder hämmerten völkische Autoren und Deutsche Christen, wie zum Beispiel Martin Sasse (vgl. Kapitel 17), »ihren Lesern ein, dass der ›größte Deutsche‹, Martin Luther, auch der größte Antisemit seiner Zeit gewesen sei und insofern die Rassenpolitik des NS-Staats legitimiere.«[2]

Julius Streicher, der Herausgeber des nationalsozialistischen Hetzblattes *Der Stürmer,* berief sich im Nürnberger Kriegsverbrecherprozess am 29.4.1946 auf Luther. Als er gefragt wurde, ob es in Deutschland »außer Ihrem Wochenblatt [...] noch andere Presseerzeugnisse in Deutschland« gab, »welche die Judenfrage in judengegnerischem Sinne behandelten?«, antwortete er:[2]

> »Antisemitische Presseerzeugnisse gab es in Deutschland durch Jahrhunderte. Es wurde bei mir zum Beispiel ein Buch beschlagnahmt von Dr. Martin Luther. Dr. Martin Luther säße heute sicher an meiner Stelle auf der Anklagebank, wenn dieses Buch von der Anklagevertretung in Betracht gezogen würde. In dem Buch *Die Juden und ihre Lügen* schreibt Dr. Martin Luther, die Juden seien ein Schlangengezücht, man solle ihre Synagogen niederbrennen, man soll sie vernichten ...«

Ob mit oder ohne direkte Berufung auf Luther: Die ›Ratschläge‹ Luthers von 1543, insbesondere seine Forderung, die Synagogen zu verbrennen, deckten sich weitgehend mit dem Vorgehen des NS-Staates. Deshalb kann im Blick auf die »Reichskristallnacht« 1938 mit Recht von einer »›genuinen‹ Rezeption eines Wortes Luthers«[3] gesprochen werden.

[1] Pietismus: religiöse Bewegung innerhalb des Protestantismus, die eine verinnerlichte Frömmigkeit, das Priestertum aller Gläubigen und ein Christentum der Tat einforderte.

[2] www.zeno.org. (Kategorien: Geschichte; Inhaltsverzeichnis: Hauptverhandlungen; 26. April 1946, Nachmittagssitzung).

[3] Thomas Kaufmann, Luthers Juden, Stuttgart 2014, S. 164; S. 165.

19 Im Stich gelassen: »Nichtarische« Pfarrer in der evangelischen Kirche

Der »Arierparagraph« löste 1933 die Gründung des Pfarrernotbundes durch Martin Niemöller aus. Mehr als ein Drittel der Pfarrer in Deutschland hatte bis 1939 die Selbstverpflichtung des Bundes unterschrieben, nach der der Paragraph mit dem Bekenntnis der Kirche unvereinbar sei. Auch wenn nur wenige Landeskirchen den Paragraphen in ihr Dienstrecht aufgenommen hatten, war 1939 kaum ein - nach nationalsozialistischer Definition - »nichtarischer« Pfarrer mehr im Dienst. Von Entlassungen, Emigration, Vertreibung waren alle Pfarrer betroffen, gleich ob sie sogenannte »Volljuden« waren oder nur einen oder zwei jüdische Vorfahren hatten oder mit einer Ehepartnerin jüdischer Herkunft verheiratet waren. Von den rund ein Dutzend Pfarrern, die als »volljüdisch« geführt wurden, war am 1. 1. 1939 kein einziger mehr im Amt, manche erhielten weiterhin ihr Gehalt, mehrere wurden in Konzentrationslagern inhaftiert, einer kam im Warschauer Ghetto[1] ums Leben. Größer war die Zahl derer, die als »Mischlinge ersten Grades« galten. Die Mehrzahl von ihnen wurde gezwungen, sich vorzeitig in den Ruhestand versetzen zu lassen. Auch Pfarrer, die nur einen jüdischen Großelternteil hatten oder die mit einer jüdischen Ehefrau verheiratet waren, mussten mit Anfeindungen, Disziplinarmaßnahmen und Verfolgungen rechnen. Dies passierte keineswegs nur in deutsch-christlich geführten Landeskirchen, sondern auch in sogenannten »intakten« Landeskirchen.

Ernst Flatow war der erste Pfarrer, der aufgrund seiner jüdischen Herkunft entlassen wurde; er überlebte die Shoah nicht.

* 1887 in Berlin; Sohn eines jüdischen Fabrikanten in Berlin, nimmt am evangelischen Religionsunterricht am Gymnasium teil, studiert Jura, Geschichte, Philosophie, Philologie und Nationalökonomie in Straßburg, Heidelberg, Berlin, Jena, Freiburg und Rostock; 1913 lässt sich Flatow taufen; studiert anschließend Theologie; 1914–18 Kriegsteilnehmer; 1926 1. Theologisches Examen; Vikariat in Köln; 1928 Ordination, anschließend Krankenhaus-Seelsorger; 1933 Entlassung; 1935 Scheidung; †1942

Als Krankenhausseelsorger war Flatow von der Stadt Köln angestellt; dort hatten die Nationalsozialisten am 12. März 1933 die Kommunalwahlen gewonnen und verfügten umgehend seine Entlassung. Das Konsistorium in Koblenz versetzte ihn im September in den Ruhestand mit dem Hinweis:

»Flatow hat in seinem Äußeren und in seinem Wesen so in die Augen springend diejenigen Merkmale an sich, die von dem Volke als der jüdischen Rasse eigen angesehen werden, dass eine Beschäftigung in einer Gemeinde unmöglich ist.«

Der evangelische Oberkirchenrat in Berlin bestätigte die Entlassung im November 1933 mit folgender Begründung:

»Der genannte Geistliche ist infolge seiner jüdischen Abstammung für seine bisherige Tätigkeit in den linksrheinischen Krankenanstalten der Stadt Köln sowie für sonstigen pfarramtlichen Dienst in unserer Kirche dienstunfähig geworden.«[2]

Mit einem geringen Ruhegehalt lebte Flatow zunächst in Köln. 1939 trat er mit seiner Verlobten die Reise in die Emigration nach England an. Er stieg jedoch an der Grenze bei Aachen wieder aus dem Zug aus, weil er sein Vaterland doch nicht verlassen konnte. 1941 tauchte er in den Hoffnungstaler Anstalten in Lobetal bei Berlin unter, 1942 wurde er, durch Verrat eines Kölner Pfarrers aufgespürt, gemeinsam mit anderen in Lobetal untergekommenen Judenchristen von der Gestapo verhaftet und ins Warschauer Ghetto verschleppt. Dort verfasste Flatow, ein Verehrer Goethes, folgendes Gedicht:

Ausgetan aus dem Land der Lebendigen

Der Nebel liegt wie Blei
und rührt sich nicht …
Tot ist das Land.
Ich bin verbrannt
und gehe …
O Land! Wie bist du so vermummt!
Todfremd!
Todstill!
Todwehe!

Vermutlich brach er in Warschau, von Hunger entkräftet, beim Bau der Ghetto-Mauern tot zusammen. Denkbar ist aber auch, dass er mit den anderen Judenchristen in das Vernichtungslager Treblinka transportiert wurde und dort ermordet wurde.

Die Gemeinde Hohen Neuendorf, in der Flatow seit 1941 lebte, setzte ihm folgende Gedenktafel:

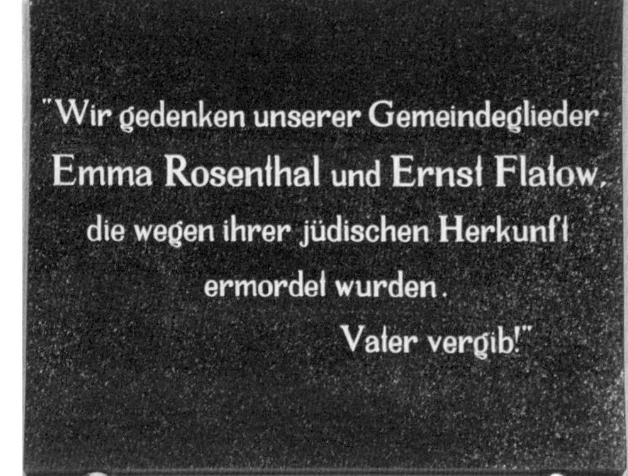

Foto: Matthias Wiegandt, Wikimedia Commons

Jochen Klepper (1903–1942) mit Frau Johanna und Tochter Renate, © Hildegard Klepper, Berlin

Der Schriftsteller Jochen Klepper studiert Theologie, arbeitet aber aus gesundheitlichen Gründen als Journalist und freier Schriftsteller. Seine Hauptwerke sind der Roman *Der Vater* über den Preußenkönig Friedrich Wilhelm I. sowie zahlreiche Kirchenlieder, die auch heute noch im evangelischen Gesangbuch abgedruckt sind. 1931 heiratet er die Rechtsanwaltswitwe Johanna Stein, die aus einer angesehenen jüdischen Familie stammt und zwei Töchter, Brigitte und Renate, mit in die Ehe bringt. Die Familie zieht nach Berlin, wo Klepper eine Anstellung beim Hörfunk findet. Da Klepper bis 1932 Mitglied der SPD war, wird er im Juni 1933 entlassen; auch eine Stelle als Redakteur beim Ullstein-Verlag muss er aufgeben. Die Verfolgung der Juden bedroht jedoch seine Frau und seine beiden Stieftöchter. Die ältere, Brigitte, kann 1939 noch nach England ausreisen. Im gleichen Jahr wird Klepper Soldat, bis er 1942 wegen seiner »Mischehe« aus der Wehrmacht entlassen wird. Um seine Stieftochter Reni vor der Deportation zu schützen, setzt sich Klepper bei vielen staatlichen, kulturellen und kirchlichen Vertretern für sie ein. Vergebens. Als die Zwangsscheidung von seiner jüdischen Frau droht und keine Hoffnung mehr besteht, nimmt er sich mit seiner Frau und Tochter in der Nacht auf den 11. Dezember 1942 in Berlin-Nikolassee das Leben. Die letzte Eintragung seines Tagebuches lautet:

»Nachmittags die Verhandlung auf dem Sicherheitsdienst. Wir sterben nun – ach, auch das steht bei Gott – Wir gehen heute nacht gemeinsam in den Tod. Über uns steht in den letzten Stunden das Bild des Segnenden Christus, der um uns ringt. In dessen Anblick endet unser Leben.«[3]

[1] Nach dem deutschen Überfall auf Polen am 1.9.1939, dem Beginn des 2. Weltkrieges, und der Besetzung Warschaus, wurde in der Hauptstadt Polens, in der sich die größte jüdische Gemeinde Europas befand, von den Nationalsozialisten ein Ghetto eingerichtet, in dem ca. 400.000 Menschen eingeschlossen waren. Sie litten unter dem Eingesperrtsein, der tagtäglichen Diskriminierung, der systematischen Unterversorgung und gewalttätigen Exzessen durch die Besatzer. Ab 1942 begannen die Deportationen aus dem Ghetto in die Vernichtungslager.

[2] Zitate bei Eberhard Röhm/Jörg Thierfelder: Juden – Christen – Deutsche, Bd. 1 1933–1935, Stuttgart 1990, S. 229; 224.

[3] Rita Thalmann: Jochen Klepper. Ein Leben zwischen Idyllen und Katastrophen, München 1977, S. 375.

20 Das kirchliche »Entjudungsinstitut«

Die Entjudung des religiösen Lebens als Aufgabe deutscher Theologie und Kirche

von

Prof. Dr. W. Grundmann, Jena

1939

Verlag Deutsche Christen Weimar

Am 6. Mai 1939 wurde mit einem Festakt auf der Wartburg bei Eisenach das »Institut zur Erforschung und Beseitigung des jüdischen Einflusses auf das deutsche kirchliche Leben« auf der Grundlage der sogenannten Godesberger Erklärung und einer Entschließung von elf evangelischen Landeskirchen gegründet. Das Institut war eng mit der Ideologie und Organisation der »Kirchenbewegung Deutsche Christen« verbunden. Ziel der Thüringer Deutschen Christen war es, den christlichen Glauben, die Theologie und die Institution der Kirche den ideologischen - und dabei vor allem antisemitischen - Vorgaben der national-sozialistischen Ideologie anzupassen. Leiter des sogenannten »Entjudungsinstituts« war Siegfried Leffler, der Führer der Thüringer »Kirchenbewegung Deutsche Christen«, die wissenschaftliche Leitung hatte Walter Grundmann, Professor für Völkische Theologie und Neues Testament an der Universität Jena, inne. Für die wissenschaftliche Institutsarbeit wurden bis 1941 ca. 180 Mitarbeiter, darunter 24 Universitätsprofessoren von 14 ev.-theol. Fakultäten sowie kirchliche Würdenträger und aufstrebende Gelehrte zur ehrenamtlichen Gemeinschaftsarbeit in Arbeitskreisen und an Forschungsaufträgen sowie zu Publikationstätigkeiten gewonnen. Insgesamt 46 Forschungsaufträge und Arbeitskreise zielten darauf ab, jüdische Elemente aus Theologie und Kirche in Deutschland zu entfernen, wobei der Gegensatz zwischen christlicher und jüdischer Religion sowie die Überlegenheit der arischen gegenüber der jüdischen Rasse betont wurde. Erklärtes Ziel der wissenschaftlichen Leitung des kirchlichen »Entjudungsinstituts« war es, sich durch einen »hohen akademischen Anspruch« zum führenden Forschungsinstitut der Deutschen Evangelischen Kirche zu entwickeln. Die Institutsmitarbeiter forschten nicht nur, sondern unternahmen vielfältige praktische Maßnahmen volksmissionarischer Natur: Dazu zählten unter anderem ein Anfang 1940 erschienenes »entjudetes« Neue Testament: *Die Botschaft Gottes* und ein im Juni 1941 veröffentlichtes »entjudetes« Gesangbuch: *Großer Gott wir loben dich.*

Aus der Godesberger Erklärung, März 1939

Mit dem unbeugsamen Willen, den Kirchenstreit einer positiv-christlichen Entscheidung entgegenzuführen, haben sich Vertreter der Nationalkirchlichen Einung Deutsche Christen[1] und Männer aus verschiedenen Kreisen evangelischer Pfarrer und Laien[2] zu Beratungen zusammengefunden. Es wurde beschlossen, eine lose kameradschaftliche Zusammenarbeit aufzunehmen. Als Grundlage gelten folgende Sätze: […] Die Kernfragen der religiösen Auseinandersetzung sind folgende:

a) Wie verhalten sich Politik und Religion, wie verhalten sich nationalsozialistische Weltanschauung und christlicher Glaube zueinander? Auf diese Fragen antworten wir: Indem der Nationalsozialismus jeden politischen Machtanspruch der Kirchen bekämpft und die dem deutschen Volke artgemäße nationalsozialistische Weltanschauung für alle verbindlich macht, führt er das Werk Martin Luthers nach der weltanschaulich-politischen Seite fort und verhilft uns dadurch in religiöser Hinsicht wieder zu einem wahren Verständnis des christlichen Glaubens.

b) Wie ist das Verhältnis von Judentum und Christentum? Ist das Christentum aus dem Judentum hervorgegangen und also seine Weiterführung und Vollendung, oder steht das Christentum im Gegensatz zum Judentum?

Auf diese Fragen antworten wir:

Der christliche Glaube ist der unüberbrückbare Gegensatz zum Judentum […]

Die Nationalkirche Nr. 15 vom 9.4.1939, S. 162

Aus der Erklärung von 11 evangelischen Landeskirchen, April 1939

Wir Landeskirchenleiter, die wir in unwandelbarer Treue zu Führer und Volk stehen, bejahen diese Sätze [der Godesberger Erklärung], weil nach unserer Überzeugung die hier aufgezeigte Haltung Zukunft in sich trägt. Wir sind entschlossen, bei voller Wahrung religiöser Toleranz unsere gesamte kirchliche Arbeit entsprechend auszurichten. [...]

Unsere erste Gemeinschaftsarbeit ist die Durchführung folgender Maßnahmen:

1. Gründung eines Instituts zur Erforschung und Beseitigung des jüdischen Einflusses auf das kirchliche Leben des deutschen Volkes.
2. Errichtung einer kirchlichen Zentralstelle zur Bekämpfung des Missbrauchs der Religion zu politischen Zwecken.
3. Errichtung eines religionspolitischen Seminars zum Zwecke der Erforschung der Zusammenhänge von Politik, Weltanschauung und Religion.
4. Herausgabe regelmäßiger monatlicher Nachrichten an Pfarrer und Kirchenälteste der beteiligten Landeskirchen.

Die Nationalkirche Nr. 15 v. 9.4.1939, S. 173

Eröffnung des Instituts im Wartburghotel am 6. Mai 1939

Aus dem Institutseröffnungsvortrag von Walter Grundmann, 1939

[...] Damit ist der religiöse, theologische und kirchliche Ort aufgezeigt, an dem jenes Institut, dessen Arbeit wir heute eröffnen, steht. Es geht um die mit allen Mitteln moderner Wissenschaft durchzuführende Hilfsarbeit innerhalb der großen Stunde, die unter uns angebrochen ist. Die Stunde ist geschichtliches Ereignis; für unser Volk und für das ganze Abendland herbeigeführt durch den Führer wirkt sie sich aus auf alle Gebiete des Lebens. Ihrer Auswirkung zum Durchbruch zu verhelfen auch auf dem Gebiet des kirchlich-religiösen Lebens und die Wege zu einer neuen Gestaltung mit frei machen zu helfen, dazu kann auch die wissenschaftliche Arbeit nicht entbehrt werden. Sie zu konzentrieren und an den entscheidenden Punkten zum Einsatz zu bringen, um sie damit für Volk und Kirche fruchtbar zu machen, ist die Aufgabe dieses Institutes. Seine Arbeit gliedert sich in verschiedene Aufgabenkreise und Gebiete [...]

Schaffung einer Ausgabe der vier Evangelien, die die ältesten Traditionen ablöst von ihren Umformungen und Zusätzen von zweiter Hand und so den Weg zum frischen Quell freimacht. [...]

Dass aus Liturgie und Liedgut die Zionismen verschwinden müssen [...]

Die Frage Jesus und das Judentum muss zur Klärung gebracht werden. [...] Die Selbstverständlichkeit, mit der man bisher die Frage nach dem inneren und äußeren Zusammenhang Jesu mit dem Judentum bejaht hat, wird unter dem Druck des Tatsachenmaterials mehr als fragwürdig.

Walter Grundmann, Die Entjudung des religiösen Lebens als Aufgabe deutscher Theologie und Kirche, Weimar 1939, S. 17 ff.

[1] Zusammenschluss radikaler deutschchristlicher Gruppen unter Führung der Thüringer Deutschen Christen (1937). Zunächst unter dem Namen »Nationalkirchliche Bewegung Deutsche Christen«, 1938 umbenannt.

[2] Hierzu zählten sowohl Vertreter der sogenannten »kirchlichen Mitte« zwischen Deutschen Christen und Bekennender Kirche als auch Personen, die dem gemäßigten Flügel der Bekennenden Kirche angehörten.

Die Weihnachtsgeschichte aus dem »entjudeten« Neuen Testament

Es begab sich, dass ein Gebot vom Kaiser Augustus ausging, dass im ganzen Reich eine Volkszählung stattfinde. Sie war die erste und geschah zur Zeit, als Quirinius Landpfleger in Syrien war. Da ging jedermann in die Stadt, in der er gezählt werden sollte. Auch Joseph aus Galiläa von der Stadt Nazareth wanderte nach Bethlehem

mit Maria, seiner lieben Frau, die ein Kind unter ihrem Herzen trug.

Als sie dort waren, kam ihre Stunde, und sie gebar ihren ersten Sohn, wickelte ihn in Windeln und legte ihn in eine Krippe, denn sie hatten für das Kind sonst keinen Raum in der Herberge.

Es waren aber Hirten in dieser Gegend auf dem Felde bei den Hürden; sie hüteten des Nachts ihre Herde. Da trat ein Engel Gottes zu ihnen, und hell umstrahlte sie himmlisches Licht, und sie fürchteten sich sehr. Doch der Engel sprach zu ihnen: »Fürchtet, euch nicht! Siehe, ich verkünde euch große Freude, die allem Volke widerfahren soll. Denn euch ist heute der Heiland geboren: Christus der Herr.

Und das habt zum Zeichen: In einer Krippe werdet ihr finden in Windeln gewickelt ein Kind.«

Alsbald war da bei dem Engel die Menge der himmlischen Heerscharen, die lobten Gott und sprachen: »Ehre sei Gott in der Höhe, und Friede auf Erden den Menschen, die Gott sich erkor.«

Als die Engel von ihnen zum Himmel entschwanden, sprachen die Hirten untereinander: »Auf, lasst uns gehen nach Bethlehem und schauen das große Geschehen, von dem Gott uns Kunde gab!« Sie kamen eilend und fanden beide, Maria und Joseph, und in der Krippe das Kind. Und als sie es geschaut hatten, erzählten sie alles, was sie von dem Kinde vernommen hatten.

Alle, die es hörten, staunten über die Kunde der Hirten.

Maria aber behielt alle diese Worte und bewegte sie in ihrem Herzen.

Die Hirten kehrten wieder um, lobten und dankten Gott für alles, was sie gehört und gesehen hatten; war doch alles so, wie es ihnen verkündet worden war. Das Kind bekam den Namen Jesus.«

Die Botschaft Gottes, Weimar 1940, S. 3 f.

1 Es begab sich aber zu der Zeit, dass ein Gebot von dem Kaiser Augustus ausging, dass alle Welt geschätzt würde. 2 Und diese Schätzung war die allererste und geschah zur Zeit, da Quirinius Statthalter in Syrien war. 3 Und jedermann ging, dass er sich schätzen ließe, ein jeder in seine Stadt. 4 Da machte sich auf auch Josef aus Galiläa, aus der Stadt Nazareth, in das jüdische Land zur Stadt Davids, die da heißt Bethlehem, weil er aus dem Hause und Geschlechte Davids war, 5 damit er sich schätzen ließe mit Maria, seinem vertrauten Weibe; die war schwanger. 6 Und als sie dort waren, kam die Zeit, dass sie gebären sollte. 7 Und sie gebar ihren ersten Sohn und wickelte ihn in Windeln und legte ihn in eine Krippe; denn sie hatten sonst keinen Raum in der Herberge. 8 Und es waren Hirten in derselben Gegend auf dem Felde bei den Hürden, die hüteten des Nachts ihre Herde. 9 Und der Engel des Herrn trat zu ihnen, und die Klarheit des Herrn leuchtete um sie; und sie fürchteten sich sehr. 10 Und der Engel sprach zu ihnen: Fürchtet euch nicht! Siehe, ich verkündige euch große Freude, die allem Volk widerfahren wird; 11 denn euch ist heute der Heiland geboren, welcher ist Christus, der Herr, in der Stadt Davids. 12 Und das habt zum Zeichen: Ihr werdet finden das Kind in Windeln gewickelt und in einer Krippe liegen. 13 Und alsbald war da bei dem Engel die Menge der himmlischen Heerscharen, die lobten Gott und sprachen: 14 Ehre sei Gott in der Höhe und Friede auf Erden bei den Menschen seines Wohlgefallens.

15 Und als die Engel von ihnen gen Himmel fuhren, sprachen die Hirten untereinander: Lasst uns nun gehen nach Bethlehem und die Geschichte sehen, die da geschehen ist, die uns der Herr kundgetan hat. 16 Und sie kamen eilend und fanden beide, Maria und Josef, dazu das Kind in der Krippe liegen. 17 Als sie es aber gesehen hatten, breiteten sie das Wort aus, das zu ihnen von diesem Kinde gesagt war.

18 Und alle, vor die es kam, wunderten sich über das, was ihnen die Hirten gesagt hatten.

19 Maria aber behielt alle diese Worte und bewegte sie in ihrem Herzen.

20 Und die Hirten kehrten wieder um, priesen und lobten Gott für alles, was sie gehört und gesehen hatten, wie denn zu ihnen gesagt war.

21 Und als acht Tage um waren und man das Kind beschneiden musste, gab man ihm den Namen Jesus, wie er genannt war von dem Engel, ehe er im Mutterleib empfangen war.

Lk 2, 1–21, Lutherbibel, revidierter Text 1984, durchgesehene Ausgabe in neuer Rechtschreibung,

Das »entjudete« Gesangbuch: Großer Gott, wir loben dich

Großer Gott, wir loben dich (GG) Nr. 37:
»Wachet auf, ruft uns die Stunde«
neugestaltet von H. Ohland

Wachet auf, ruft uns die Stunde,
sie rufet uns mit hellem Munde:
wach auf, wach auf, du deutsches Land!
Sieh die Nacht hielt dich gefangen,
dein Morgen kommt herauf mit Prangen;
der Freiheit großer Tag bricht an.
Wohlauf zum harten Gang!
Steht auf! Der Sturmgesang
grüßt die Erde.
Der Feindekrieg ist unser Sieg.
Dein Wort ist Sturm, Herr, und Gericht.

GG Nr. 145: Es ist ein Ros entsprungen

Es ist ein Ros' entsprungen
aus einer Wurzel zart
wie uns die Alten sungen,
von wunderbarer Art
und hat ein Blümlein bracht
mitten im kalten Winter
wohl zu der halben Nacht

Das Röslein, das ich meine,
davon die Kunde sagt,
hat uns gebracht alleine,
Marie, die reine Magd;
Aus Gottes ewgem Rat
Hat sie ein Kind geboren,
wohl zu der halben Nacht.

GG Nr. 165: Wie schön leuchtet der Morgenstern
neugestaltet von H. Ohland

Wie schön leuchtet der Morgenstern
voll Gnad und Wahrheit von dem Herrn,
uns herrlich aufgegangen.
Du hohe klare Himmelssonn,
du ewge Freud und wahre Wonn,
du hast uns all umfangen.
lieblich, freundlich, schön und prächtig,
groß und mächtig, reich an Gaben,
hoch und königlich erhaben.

Gesangbuch: »Großer Gott wir loben dich«,
Weimar: Verlag Deutsche Christen, 1941

Evangelisches Gesangbuch (EG) Nr. 147:
»Wachet auf, ruft uns die Stimme«
von Philipp Nicolai, 1599

Wachet auf, ruft uns die Stimme,
der Wächter sehr hoch auf der Zinne,
wach auf, du Stadt Jerusalem.
Mitternacht heißt diese Stunde;
sie rufen uns mit hellem Munde:
Wo seid ihr klugen Jungfrauen?
Wohlauf der Bräutigam kömmt,
steh auf, die Lampen nehmt!
Halleluja!
Macht euch bereit zu der Hochzeit,
ihr müsset ihm entgegengehn!

EG Nr. 31: Es ist ein Ros entsprungen

Es ist ein Ros' entsprungen
aus einer Wurzel zart
wie uns die Alten sungen,
von Jesse kam die Art
und hat ein Blümlein bracht
mitten im kalten Winter
wohl zu der halben Nacht

Das Blümlein, das ich meine,
davon Jesaja sagt,
hat uns gebracht alleine,
Marie, die reine Magd;
Aus Gottes ewgem Rat
Hat sie ein Kind geboren,
welches uns selig macht.

EG Nr. 70: Wie schön leuchtet der Morgenstern
von Philipp Nicolai, 1599

Wie schön leuchtet der Morgenstern
voll Gnad und Wahrheit von dem Herrn,
die süße Wurzel Jesse.
Du Sohn Davids aus Jakobs Stamm,
mein König und mein Bräutigam,
hast mir mein Herz besessen;
lieblich, freundlich, schön und herrlich,
groß und ehrlich, reich an Gaben,
hoch und sehr prächtig erhaben.

Im Dezember 1941 bereitete die Arbeitsgemeinschaft evangelischer Kirchenleiter ein reichseinheitliches Gesetz zur »Stellung der Juden in der Kirche« vor, der den Ausschluss rassejüdischer Christen aus der Kirche bewirken sollte. Diese Maßnahme der deutschchristlichen Kirchenleiter dürfte wiederum in engem Zusammenhang mit staatlichen Maßnahmen gegen die Juden in Deutschland gestanden haben, diesmal mit der Kennzeichnungspflicht jüdischer Bürger in Form des Judensterns seit dem 1. September 1941. Professor Heinz-Erich Eisenhuth veröffentlichte in den Verbandsmitteilungen des »Entjudungsinstituts« vom 15. Dezember 1941 ein Gutachten »Zur Frage der Beteiligung der Judenchristen am christlichen Gottesdienst«. Dieses Gutachten war von der Arbeitsgemeinschaft evangelischer Kirchenleiter erbeten worden.

Oliver Arnhold: »Entjudung« – Kirche im Abgrund. Teil 1: Die Thüringer Kirchenbewegung Deutsche Christen 1928–1939, Teil 2: »Institut zur Erforschung und Beseitigung des jüdischen Einflusses auf das deutsche kirchliche Leben« 1939–1945, Berlin 2010, S. 591

Gutachten zur Beteiligung der Judenchristen am christlichen Gottesdienst, 1941

Judenchristen sind und bleiben nach der Taufe Juden, so daß ihre religiöse Erlebnis- und Äußerungsart stets jüdischen Charakter an sich tragen wird. Die Kennzeichnung der Juden mit dem Judenstern soll das Bewusstsein für die unüberbrückbare Kluft und Trennung zwischen den Rassen wach erhalten. Das deutsche Volk darf nie mehr vergessen, dass es nicht nur in diesem Krieg bestes und edelstes Blut deutscher Menschen hat opfern müssen, weil es gegen die Weltmacht der Juden zu kämpfen gezwungen war. Erst die völlige Überwindung des Judentums auf allen Gebieten lässt den deutschen Menschen zu seinem eigenen, von Gott ihm geschaffenen Wesen zurückkommen. […]

1. Judenchristen sind als Feinde des Reiches von jeder Form der gottesdienstlichen Gemeinschaft auszuschließen.
2. Deutsche Pfarrer dürfen an Judenchristen keine Amtshandlungen vollziehen.
3. Von Judenchristen dürfen keine Kirchensteuern erhoben werden.

Verbandsmitteilungen des »Entjudungsinstituts«, Nr. 5/6, Eisenach 1941, S. 125 f.

Der Durchbruch des rassischen Bewusstseins in unserem Volk, verstärkt durch die Erfahrungen des Krieges und entsprechende Maßnahmen der politischen Führung, haben die Ausscheidung der Juden aus der Gemeinschaft mit uns Deutschen bewirkt. Dies ist eine unbestreitbare Tatsache, an welcher die deutschen Evangelischen Kirchen, die in ihrem Dienst an dem einen ewigen Evangelium an das deutsche Volk gewiesen sind und im Rechtsbereich dieses Volkes als Körperschaften öffentlichen Rechts leben, nicht achtlos vorübergehen können. Wir bitten daher im Einvernehmen mit dem Geistlichen Vertrauensrat der Deutschen Evangelischen Kirche die obersten Behörden, geeignete Vorkehrungen zu treffen, dass die getauften Nichtarier dem kirchlichen Leben der deutschen Gemeinde fernbleiben. Die getauften Nichtarier werden selbst Mittel und Wege suchen müssen, sich Einrichtungen zu verschaffen, die ihrer gesonderten gottesdienstlichen und seelsorgerischen Betreuung dienen können.

Schreiben der Deutschen Evangelischen Kirchenkanzlei an die obersten Behörden der deutschen Evangelischen Landeskirchen vom 22.12.1941, in: Joachim Beckmann (Hg.), Kirchliches Jahrbuch für die Ev. Kirche in Deutschland 1933–1944, Gütersloh 1948, S. 482

Das Entjudungsinstitut in Eisenach

21 Katharina Staritz: Heimatrecht für Christen jüdischer Herkunft in der Kirche

Katharina Staritz, die 1928 als erste Frau an der Universität Marburg in Evangelischer Theologie einen Doktortitel erhielt, war seit 1933 als Stadtvikarin in Breslau tätig. Zu ihren Aufgaben gehörte u. a. der sogenannte »Übertrittsunterricht« für jüdische Bürger, die zum Christentum konvertieren wollten. Durch den engen Kontakt mit den jüdischen Menschen erlebte sie hautnah deren fürchterliches Schicksal. Dadurch zum Handeln veranlasst, übernahm sie nach der Pogromnacht im November 1938 die Leitung der Vertrauensstelle des »Büros Grüber« in Schlesien, das Christen jüdischer Herkunft helfen und Unterstützung bei der Emigration aus Deutschland anbieten wollte. Im September 1941, als die Zwangskennzeichnung mit dem Judenstern für Personen, die nach den Nürnberger Gesetzen von 1935 rechtlich als Juden galten, eingeführt wurde, verfasste Staritz ein Rundschreiben an die Breslauer Pfarrer, in dem sie diese aufforderte, die judenchristlichen Gemeindemitglieder nicht vom Gottesdienst auszuschließen, sondern sich vielmehr ihrer besonders anzunehmen. Die SS-Zeitschrift *Das schwarze Korps* verfasste daraufhin am 18. 12. 1941 einen Hetzartikel »Frau Knöterich als Stadtvikarin« über Staritz, in dem es u. a. hieß: »[...] niemand würde die Verfasserin ernstlich daran hindern wollen, sich selbst einen Judenstern auf den asketischen Busen zu heften, und noch lieber sähen wir es, wenn sie und ihresgleichen demnächst auch mit den Juden in das ihrer harrende östliche Kanaan abzögen.« Nach einer Razzia der Gestapo und nach energischen Forderungen Deutscher Christen wandte sich das Konsistorium [Verwaltungsbehörde der Kirche] in Breslau gegen Staritz, beurlaubte sie und wies sie an, Breslau zu verlassen. Im März 1942 wurde sie in Marburg verhaftet und in das Frauenkonzentrationslager Ravensbrück verschleppt. Auf Initiative ihrer Schwester kam sie im Mai 1943 aus der Haft frei und überlebte. Nach dem Krieg wurde sie 1950 als erste Pfarrerin in der evangelischen Kirche in Hessen und Nassau eingestellt.

Rundschreiben an die Breslauer Pfarrer

Juden im Sinne der Nürnberger Gesetze, soweit sie nicht in privilegierter Mischehe leben, müssen beim Erscheinen in der Öffentlichkeit durch Abzeichen in Form eines handtellergroßen Davidsterns mit der schwarzen Aufschrift ›Jude‹ gekennzeichnet sein, sie dürfen Orden und andere Abzeichen nicht mehr tragen und ihre Wohnsitzgemeinde nicht ohne schriftliche polizeiliche Genehmigung verlassen. Zu den von dieser Verordnung betroffenen Menschen gehören auch einige unserer Gemeindeglieder, und zwar, wie mir von einzelnen Fällen her bekannt ist, auch solche, die schon seit mehreren Jahrzehnten treue Glieder der evangelischen Gemeinden sind, und solche, die als Säuglinge getauft wurden, evangelisch erzogen und konfirmiert sind, also nie etwas mit jüdischer Religion zu tun hatten. Viele von ihnen sind treue Gottesdienstbesucher.

Diese Menschen müssen nun, vom 19.9.1941 ab, auch wenn sie am evangelischen Gottesdienst oder irgendwelchen Gemeindeveranstaltungen teilnehmen wollen, dort mit dem Judenabzeichen erscheinen; ebenso die zum Kindergottesdienst kommenden nichtarischen Kinder, da der Judenstern vom 6. Lebensjahr an getragen werden muss. Es ist Christenpflicht der Gemeinden, sie nicht etwa wegen der Kennzeichnung vom Gottesdienst auszuschließen. Sie haben das gleiche Heimatrecht in der Kirche wie die anderen Gemeindeglieder und bedürfen des Trostes aus Gottes Wort besonders.

Für die Gemeinden besteht die Gefahr, dass sie sich durch nicht wirklich christliche Elemente irreführen lassen, dass sie die christliche Ehre durch unchristliches Verhalten in der Kirche gefährden. Es muss ihnen hier seelsorgerlich etwa durch Hinweis auf Luk. 10,25–37, Matth. 25,40 und Sach. 7,9–10 geholfen werden.

Praktisch bitte ich zu erwägen, ob nicht die Kirchenbeamten, Gottesdienstordner usw. in geeigneter seelsorgerlicher Form anzuweisen wären, sich dieser gezeichneten Gemeindeglieder besonders anzunehmen, ihnen wenn nötig Plätze anzuweisen usw. Eventuell wären auch besondere Plätze in jedem Gotteshaus vorzusehen, jedoch nicht als Armesünderbank für die nichtarischen Christen, sondern um sie davor zu bewahren, von unchristlichen Elementen fortgewiesen zu werden. Damit das aber nicht als unevangelische Absonderung aufgefasst werden kann, ist es notwendig, dass treue Gemeindeglieder, die wissen, was Kirche ist, und die in der Kirche mitarbeiten (z. B. aus Gemeindekirchenrat, Frauenhilfe, Pfarrhaus) auch auf diesen Bänken neben und unter den nichtarischen Christen Platz nehmen. Es ist auch zu überlegen, ob nicht wenigstens in der ersten Zeit diese gekennzeichneten Christen auf ihren Wunsch von Gemeindegliedern zum Gottesdienst abzuholen wären, da einige mir gegenüber schon geäußert haben, sie wüssten nicht, ob sie nun auch noch wagen dürften, in die Kirche zu gehen.

Katharina Staritz, Rundschreiben an die Breslauer Pfarrer, September 1941, in: Katharina Staritz, Des großen Lichtes Widerschein. Berichte und Verse aus der Gefangenschaft, hg. von der Ev. Frauenhilfe in Deutschland e. V., Münster o. J. (1953), S. 40 f.

There ARE Decent Germans!

says

HANNEN SWAFFER

AFTER what we know of the bestialities committed before the war against their enemies at home — Socialists, Communists, Jews and others—there is no doubt that, unlike some of the atrocity tales of the last war, all of what is now reported about the Nazi barbarism in Russia and in other invaded countries is true.

The truth may be even worse.

One would really despair of the German race, if, from time to time, we did not hear stories of admirable decency and courage from Hitler's inferno.

Plucky Woman Pastor

WE must be thankful, for instance, to the "Schwarze Korps," that disgusting weekly of Himmler's savage Black Guards, for having revealed the wonderful case of Frau Staritz, a Lutheran woman minister in Breslau.

It devotes nearly a full page to denouncing and threatening her.

Frau Staritz wrote a circular letter to all her parishioners urging them to take particular care of those unfortunate "Non-Aryan Christians"—persons of Jewish race who had been baptised, sometimes as young children—who are now compelled to wear the yellow "David star" even in church.

Practical Christianity

"THESE brethren must be regarded as Christians, like all others," she wrote. "They need special religious comfort and practical protection 'against the un-Christian behaviour' of those misled parishioners who dishonour their faith.

"Special seats should be reserved for them in churches, if necessary; but, of course, not as 'poor-sinner' benches.

"They should even, if they wish it, be taken from their homes by fellow Christians and accompanied to the churches, despite the Nazi threats against Aryans who show themselves in the streets with people wearing the Yellow Badge."

Himmler's Threat

THE "Schwarze Korps" fumes against this woman parson and suggests that she had better leave Germany with the Jews for the "Chanaan in the East"—the mass-ghetto in the Rokitno marshes of Poland, to which they are deported and where they are dying by tens of thousands.

Bericht des Daily Herald vom 18.1.1942 über Katharina Staritz und die Angriffe des »Schwarzen Korps«
(Steht auch im digitalen Zusatzmaterial zur Verfügung.)

22 Einer redet Klartext: Landesbischof Wurm

Trotz seiner antijudaistischen Grundeinstellung, mit der der württembergische Landesbischof Theophil Wurm (* 7. Dezember 1868; † 28. Januar 1953) das gegenwärtige Schicksal der Juden nach wie vor als offenkundiges Signal für das Gericht Gottes interpretierte, wandte sich Wurm seit 1941 in vielen Briefen an unterschiedliche Repräsentanten des NS-Regimes und prangerte die Verfolgung der Juden an. Als einziger unter den prominenten Kirchenführern riskierte Wurm, selbst zum Objekt der nationalsozialistischen Repressionen zu werden. Seine Briefe verdankten sich einerseits einer schweren Erkrankung im Jahr 1941, die ihn von früheren »Hemmungen« befreit hatte, andererseits den präzisen Informationen, die Wurm zunehmend über die Vernichtungsaktionen im Osten und die »Endlösung der Judenfrage« erhielt. Wurm sah sich in der Rolle des Mahners, der um die Schuld der Kirche wusste und befürchtete, dass die nationalsozialistischen Verbrechen auf das deutsche Volk zurückschlagen würden. Vor allem angesichts der – nach Stalingrad – drohenden Niederlage der deutschen Wehrmacht war ihm klar, dass sich das Ende des »Dritten Reiches« abzeichnete, und er deutete die zunehmenden Zerstörungen und Opfer durch alliierte Bombenangriffe als »Vergeltung für das, was den Juden angetan worden ist«.

Hatte Wurm zunächst noch vorsichtig in seinen Briefen und Mitteilungen an seine Pfarrer argumentiert, so wurde sein Ton immer schärfer und kompromissloser. 1943 verfasste Wurm eine Reihe von Briefen an Politiker, in denen er schonungslos die Verbrechen an Juden benannte und forderte, deren »Ausrottung« zu beenden. Am 16. Juli schrieb Wurm einen Brief an Hitler, der ohne Beispiel ist, unter der Hand in kirchlichen Kreisen zirkulierte und auch im Ausland veröffentlicht wurde. Wurm bekam zunächst keine Antwort aus der Reichskanzlei; erst als er ein weiteres Schreiben an den Chef der Reichskanzlei Lammers richtete, wurde Wurm 1944 ultimativ verwarnt und bedroht. Von da an hielt sich Wurm zurück, verzichtete aber keineswegs auf kritische Stellungnahmen im persönlichen und kirchlichen Rahmen. Dank seiner großen Popularität blieb er – mit Ausnahme eines Schreibverbotes – unbehelligt; allerdings dürfte sein vehementer Protest bei den nationalsozialistischen Führern keine bleibende Wirkung erzielt haben: die »Endlösung« wurde weiter ungehemmt realisiert.

Brief an Hitler vom 16. Juli 1943

An die Reichsregierung:

In den letzten Jahren und noch bis in die jüngste Zeit hinein haben Männer der Kirche mehrfach versucht, mit der Führung des Reichs oder mit einzelnen maßgebenden Persönlichkeiten in hohen Staats- oder Parteiämtern Fühlung zu gewinnen, um wichtige Anliegen der christlichen Volkskreise zu Gehör zu bringen. Ihre schriftlichen Vorlagen haben keine Antwort gefunden, ihre Bemühungen um persönliche Aussprache keinen Erfolg gehabt. Es läge nahe, nun zu schweigen und jede Mitverantwortung für alles weitere Geschehen abzulehnen. Denn eine Mitverantwortung trägt auch bei der heutigen Staatsform jeder Christ, weil ihm aufgetragen ist, für das Gute einzutreten und gegen das Böse zu zeugen. Die Liebe zu meinem Volk, dessen Geschicke ich als 75-Jähriger seit vielen Jahrzehnten mit innerster Anteilnahme verfolge und für das ich im engsten Familienkreis schwere Opfer gebracht habe, drängt mich aber dazu, es noch einmal mit einem offenen Wort zu versuchen. […]

Im Namen Gottes und um des deutschen Volkes willen, sprechen wir die dringende Bitte aus, die verantwortliche Führung des Reiches wolle der Verfolgung und Vernichtung wehren, der viele Männer und Frauen im deutschen Machtbereich ohne gerichtliches Urteil unterworfen werden. Nachdem die dem deutschen Zugriff unterliegenden Nichtarier in größtem Umfang beseitigt worden sind, muss auf Grund von Einzelvorgängen befürchtet werden, dass nunmehr auch die bisher noch verschont gebliebenen sogenannten privilegierten Nichtarier erneut in Gefahr sind, in gleicher Weise behandelt zu werden. Insbesondere erheben wir eindringlichen Widerspruch gegen solche Maßnahmen, die die eheliche Gemeinschaft in rechtlich unantastbaren Familien und die aus diesen Ehen hervorgegangenen Kinder bedrohen. Diese Absichten stehen, ebenso wie die gegen die anderen Nichtarier ergriffenen Vernichtungsmaßnahmen, im schärfsten Widerspruch zu dem Gebot Gottes und verletzen das Fundament alles abendländischen Denkens und Lebens: Das gottgegebene Urrecht menschlichen Daseins und menschlicher Würde überhaupt.

In der Berufung auf dieses göttliche Urrecht des Menschen schlechthin erheben wir feierlich die Stimme auch gegen zahlreiche Maßnahmen in den besetzten Gebieten. Vorgänge, die in der Heimat bekannt geworden sind und viel besprochen werden, belasten das Gewissen und die Kraft unzähliger Männer und Frauen im deutschen Volk auf das Schwerste; sie leiden unter manchen Maßnahmen mehr als unter den Opfern, die sie jeden Tag bringen. [...]

Indem wir dies im Namen unzähliger evangelischer Christen aussprechen, begehren wir nichts für uns selbst. Die deutsche evangelische Christenheit trägt alle Opfer mit. Sie will keine Sonderrechte und keine Bevorzugung. Sie strebt nicht nach Macht und begehrt keine Gewalt. Aber nichts und niemand in der Welt soll uns hindern, Christen zu sein und als Christen einzutreten für das, was recht ist vor Gott. Darum bitten wir in ganzem Ernst, dass die Führung des Reiches diesem Begehren Gehör schenken möge eingedenk ihrer hohen Verantwortung für Leben und Zukunft des deutschen Volkes.

gez. D. Wurm

Zit. nach: Landeskirchenarchiv Stuttgart D1, Bd. 109

Schreiben an den Chef der Reichskanzlei Lammers vom 20.12.1943

[...] Nicht aus irgendwelchen philosemitischen Neigungen, sondern lediglich aus religiösem und ethischem Empfinden heraus muss ich in Übereinstimmung mit dem Urteil aller positiv christlichen Volkskreise in Deutschland erklären, dass wir Christen diese Vernichtungspolitik gegen das Judentum als ein schweres und für das deutsche Volk verhängnisvolles Unrecht empfinden. Das Töten ohne Kriegsnotwendigkeit und ohne Urteilsspruch widerspricht auch dann dem Gebot Gottes, wenn es von der Obrigkeit angeordnet wird, und wie jedes bewusste Übertreten von Gottes Geboten rächt sich auch dieses früher oder später. Unser Volk empfindet vielfach die Leiden, die es durch die feindlichen Fliegerangriffe ertragen muss, als Vergeltung für das, was den Juden angetan worden ist. Das Brennen der Häuser und Kirchen, das Splittern und Krachen in den Bombennächten, die Flucht aus den zerstörten Häusern mit wenigen Habseligkeiten, die Ratlosigkeit im Suchen eines Zufluchtsortes erinnert die Bevölkerung auf peinlichste an das, was bei früheren Anlässen die Juden erdulden mussten. Es liegt ja auch klar am Tage, dass alle die früheren Maßnahmen gegen die Nichtarier auf die Kriegspolitik der Feinde einen außerordentlich starken Einfluss ausgeübt haben und noch ausüben. Wer es mit dem deutschen Volk gut meint, kann nur dringend bitten, dass an den Mischlingen und den mit Jüdinnen verheirateten Ariern nicht noch weiteres Unrecht verübt wird. [...]

Zit. nach: Bundesarchiv Berlin-Lichterfelde R 3001/alt R 22/4008 Bl. 55

23 »Gott mehr als den Menschen gehorchen«

Die Bekennende Kirche der Evangelischen Kirche der Altpreußischen Union trat im Oktober 1943 zu ihrer letzten 12. Bekenntnissynode zusammen. Der Anlass, sich dort auch mit dem 5. Gebot zu beschäftigen, dürfte auf Kurt Gerstein zurückgehen, der den Bruderrat im Sommer 1942 über die systematische Ermordung der Juden in den Vernichtungslagern im Osten unterrichtet hatte.

Die Entschließung fand allerdings kaum Verbreitung, lediglich zum Buß- und Bettag 1943 dürfte sie von manchen Kanzeln verlesen worden sein.

Auslegung des Fünften Gebotes

Die Größe und Schwere des Kriegsleidens, das über unser Volk hereingebrochen ist, bringt die Gefahr mit sich, daß die Herzen stumpf werden und die Schrecken des Geschehens nur da empfunden werden, wo jemand unmittelbar von ihnen betroffen wird. [...] Das christliche Leidtragen, das wirklich geistliche Tragen des Leides aller Welt erwächst aus der Buße, mit der Anerkennung der eigenen Schuld an diesem Leid. [...]

Der Umfang, den das Töten im Kriege annimmt, könnte uns leicht stumpf machen gegenüber der Tatsache, dass Gott das Töten untersagt. Das fünfte Gebot gilt immer. Ein christliches Gewissen kann es nicht überhören. Nie wird ein Christ Freude an Blutvergießen haben. Er wird es verabscheuen, Völker in den Krieg zu treiben. Die schrecklichen Begleiterscheinungen stehen ihm lebendig vor Augen. Zum Töten gehört auch die indirekte Art des Tötens, die dem Nächsten den Raum zum Leben nimmt, so dass er nicht mehr lange leben kann, oder die es unterlässt, ihn aus Todesnot zu retten. Wider Gottes Willen tötet auch, wer keimendes Leben vernichtet. Zum Töten gehört die geistige Verletzung des Nächsten mit Wort und Spott, gehört jegliche Verunglimpfung des Nächsten und Herabsetzung seiner Person. Zum Töten gehört die Hinterziehung von Lebensmitteln und Kleidung, gehört die Verdrängung des Nächsten aus seiner Lebensstellung, gehört Schadenfreude, Hass und Rachedurst. Gott aber will, dass wir das Leben des Nächsten hoch achten. Um Gottes willen gilt es sehr viel, auch wenn es vor Menschen wenig gelten mag. [...]

Über die Tötung des Verbrechers und des Feindes im Kriege hinaus ist dem Staat das Schwert nicht zur Handhabung gegeben. Was er dennoch tut, tut er zu seinem eigenen Schaden in Willkür. Wird das Leben aus anderen als den genannten Gründen genommen, so wird das Vertrauen der Menschen zueinander untergraben und damit die Gemeinschaft des Volkes zerstört. Begriffe wie »Ausmerzen«, »Liquidieren« und »unwertes Leben« kennt die göttliche Ordnung nicht. Vernichtung von Menschen, lediglich weil sie Angehörige eines Verbrechers, alt oder geisteskrank sind oder einer anderen Rasse angehören, ist keine Führung des Schwertes, das der Obrigkeit von Gott gegeben ist.

Sein Nächster ist allemal der, der hilflos ist und seiner besonders bedarf, und zwar ohne Unterschied der Rassen, Völker und Religionen. Denn das Leben aller Menschen gehört Gott allein. Es ist ihm heilig, auch das Leben des Volkes Israel. Gewiss hat Israel den Christus Gottes verworfen, aber nicht wir Menschen oder gar wir Christen sind gerufen, Israels Unglaube zu strafen. [...]

Den nicht-arischen Mitchristen sind wir die Bezeugung der geistlichen Gemeinschaft und der Bruderliebe schuldig. Sie aus der Gemeinde auszuschließen, verstößt gegen den Dritten Artikel des Glaubensbekenntnisses, gegen das rechte Verständnis des Sakramentes der heiligen Taufe, gegen Gal. 3, 28 und gegen das, was Röm. 9–11 über das Israel nach dem Fleisch lehrt. [...]

Unsere Verantwortung vor Gott in all diesen Entscheidungen können wir uns in keinem Falle von anderen abnehmen lassen. [...] Wo wir aber deutlich erkennen, dass Unrechtes von uns verlangt wird, oder dass uns verwehrt wird, das nach Gottes Willen Rechte zu tun, haben wir in eigener Verantwortung zu tun, was vor Gott recht ist, und haben darin Gott mehr als den Menschen zu gehorchen (Apg. 5,29).

Kirchliches Jahrbuch für die Evangelische Kirche in Deutschland 1933–1944, hg. v. Joachim Beckmann, Gütersloh 1948, S. 399–402.

24 »Wir klagen uns an ...« – Die Kirche bekennt ihre Schuld

Die Befreiung Deutschlands durch die Alliierten führte nach und nach auch das ganze Ausmaß der Verbrechen an Jüdinnen und Juden vor Augen. Manche reagierten mit Entsetzen, andere mit Nicht-Wahrhaben-Wollen, wieder andere mit Verleugnung und Verdrängung. Schließich gab es auch viele, die sich als heimliche Widerständler stilisierten und selbst rechtfertigten. Nach den Nürnberger Kriegsverbrecherprozessen kam eine juristische Aufarbeitung der Verbrechen vieler direkt an der Shoah Beteiligter erst sehr langsam, unzureichend und mit ausgesprochen milden Urteilen in Gang. Bereitschaft, die eigene Schuld oder Mitschuld öffentlich einzugestehen, gab es nach dem Zusammenbruch des »Dritten Reiches« kaum. Ausnahmen sind zum einen der Theologe Dietrich Bonhoeffer und der Rat der Evangelischen Kirche in Deutschland.

Dietrich Bonhoeffer, durch seine Kontakte zum Widerstand bestens über die Verbrechen an Juden informiert, verfasste im September 1940, also noch vor dem Beginn der Shoah, eine Stellungnahme zum Schuldproblem. Dieser Text wurde allerdings erst posthum veröffentlicht und war den führenden Vertretern der Kirche 1945 noch nicht bekannt. Bonhoeffer, der im aktiven Widerstand gegen den Nationalsozialismus tätig war, wurde 1943 verhaftet und am 9. April 1945 im KZ Flossenbürg hingerichtet.

Das Bekenntnis der Schuld geschieht ohne Seitenblick auf die Mitschuldigen. Es ist streng exklusiv, indem es alle Schuld auf sich nimmt. [...] Durch nichts anderes bezwingt uns Christus stärker als dadurch, dass er unsere Schuld bedingungslos und vollständig auf sich nahm, sich für schuldig erklärte an unserer Schuld und uns frei ausgehen ließ. Der Blick auf diese Gnade Christi befreit gänzlich vom Blick auf die Schuld der anderen [...] Mit diesem Bekenntnis fällt die ganze Schuld der Welt auf die Kirche, auf die Christen, und indem sie hier nicht geleugnet, sondern bekannt wird, tut sich die Möglichkeit der Vergebung auf.

Es ist zunächst die ganz persönliche Schuld des Einzelnen, die hier als vergiftende Quelle der Gemeinschaft erkannt wird. [...] Ich bin schuldig des ungeordneten Begehrens, ich bin schuldig des feigen Verstummens, wo ich hätte reden sollen, ich bin schuldig der Heuchelei und der Unwahrhaftigkeit angesichts der Gewalt, ich bin schuldig der Unbarmherzigkeit und der Verleugnung der Ärmsten meiner Brüder, ich bin schuldig der Untreue und des Abfalls von Christus. [...] Diese vielen Einzelnen schließen sich ja zusammen in dem Gesamt-Ich der Kirche. In ihnen und durch sie erkennt die Kirche ihre Schuld.

Die Kirche bekennt, ihre Verkündigung von dem einen Gott, der sich in Jesus Christus für alle Zeiten offenbart hat und der keine anderen Götter neben sich leidet, nicht offen und deutlich genug ausgerichtet zu haben.[...] Sie hat dadurch den Ausgestoßenen und Verachteten die schuldige Barmherzigkeit oftmals verweigert. Sie war stumm, wo sie hätte schreien müssen, weil das Blut der Unschuldigen zum Himmel schrie. [...] Die Kirche bekennt, die willkürliche Anwendung brutaler Gewalt, das leibliche und seelische Leiden unzähliger Unschuldiger, Unterdrückung, Hass und Mord gesehen zu haben, ohne ihre Stimme für sie zu erheben, ohne Wege gefunden zu haben, ihnen zu Hilfe zu eilen. Sie ist schuldig geworden am Leben der schwächsten und wehrlosesten Brüder Jesu Christi.[...] Die Kirche bekennt, begehrt zu haben nach Sicherheit, Ruhe, Friede, Besitz, Ehre, auf die sie keinen Anspruch hatte, und so die Begierden der Menschen nicht gezügelt, sondern gefördert zu haben. Die Kirche bekennt sich schuldig des Bruchs aller zehn Gebote, sie bekennt darin ihren Abfall von Christus.[...] Durch ihr eigenes Verstummen ist die Kirche schuldig geworden an dem Verlust an verantwortlichem Handeln, an Tapferkeit des Einstehens und der Bereitschaft, für das als recht Erkannte zu leiden. [...] Ist das zu viel gesagt? War denn nicht die Kirche nach allen Seiten gehindert und gebunden? Stand nicht die ganze weltliche Gewalt gegen sie? Durfte denn die Kirche ihr Letztes, ihre Gottesdienste, ihr Gemeindeleben gefährden, indem sie den Kampf mit den antichristlichen Gewalten aufnahm? So spricht der Unglaube [...] Indem die Kirche ihre Schuld bekennt, entbindet sie die Menschen nicht von eigenem Schuldbekenntnis, sondern sie ruft sie in die Gemeinschaft des Schuldbekenntnisses hinein. Nur als von Christus gerichtete kann die abgefallene Menschheit vor Christus bestehen. Unter dieses Gericht ruft die Kirche alle, die sie erreicht.

Dietrich Bonhoeffer (1940), zit. nach: Ders., Ethik, hg. von Ilse Tödt, H. Eduard Tödt, Ernst Feil, Clifford J. Green, 4. Aufl. Gütersloh: Gütersloher Verlagshaus, 2006

Mit der Stuttgarter Schulderklärung vom 19. Oktober 1945 bekannte die deutsche Evangelische Kirche erstmals öffentlich eine eigene Schuld aufgrund ihres Versagens in der NS-Zeit. Dieses Eingeständnis war Voraussetzung, um dem deutschen Protestantismus nach dem Zweiten Weltkrieg wieder die Mitarbeit in der weltweiten Ökumene der christlichen Kirchen zu ermöglichen. Innerhalb der deutschen Bevölkerung und auch innerhalb der evangelischen Kirche führte die Veröffentlichung des Textes zu heftigen Reaktionen und Kontroversen, auch deshalb, weil der Text nicht flächendeckend publiziert wurde.

In der Diskussion wurden folgende Vorwürfe geäußert:

- Die Erklärung vertrete eine »Kollektivschuld« des ganzen deutschen Volkes. Damit begehe die Kirche Vaterlandsverrat.
- Die Erklärung spiele den Alliierten in die Hände und werde gegen das deutsche Volk verwendet.
- Die Mitschuld der Gegner Deutschlands werde nicht angesprochen, so habe z. B. der Versailler Vertrag nach dem 1. Weltkrieg das Hitlerregime ermöglicht.
- Die Kirche habe kein Recht, für das deutsche Volk zu sprechen.

Der Rat der Evangel. Kirche in Deutschland begrüßt bei seiner Sitzung am 18./19. Oktober 1945 in Stuttgart Vertreter des Ökumenischen Rates der Kirchen:

Wir sind für diesen Besuch um so dankbarer, als wir uns mit unserem Volke nicht nur in einer großen Gemeinschaft der Leiden wissen, sondern auch in einer Solidarität der Schuld. Mit großem Schmerz sagen wir: Durch uns ist unendliches Leid über viele Völker und Länder gebracht worden. Was wir unseren Gemeinden oft bezeugt haben, das sprechen wir jetzt im Namen der ganzen Kirche aus: Wohl haben wir lange Jahre hindurch im Namen Jesu Christi gegen den Geist gekämpft, der im nationalsozialistischen Gewaltregiment seinen furchtbaren Ausdruck gefunden hat; aber wir klagen uns an, dass wir nicht mutiger bekannt, nicht treuer gebetet, nicht fröhlicher geglaubt und nicht brennender geliebt haben.

Nun soll in unseren Kirchen ein neuer Anfang gemacht werden. Gegründet auf die Heilige Schrift, mit ganzem Ernst ausgerichtet auf den alleinigen Herrn der Kirche, gehen sie daran, sich von glaubensfremden Einflüssen zu reinigen und sich selber zu ordnen. Wir hoffen zu dem Gott der Gnade und Barmherzigkeit, dass er unsere Kirchen als sein Werkzeug brauchen und ihnen Vollmacht geben wird, sein Wort zu verkündigen und seinem Willen Gehorsam zu schaffen bei uns selbst und bei unserem ganzen Volk.

Dass wir uns bei diesem neuen Anfang mit den anderen Kirchen der ökumenischen Gemeinschaft herzlich verbunden wissen dürfen, erfüllt uns mit tiefer Freude.

Wir hoffen zu Gott, dass durch den gemeinsamen Dienst der Kirchen dem Geist der Gewalt und der Vergeltung, der heute von neuem mächtig werden will, in aller Welt gesteuert werde und der Geist des Friedens und der Liebe zur Herrschaft komme, in dem allein die gequälte Menschheit Genesung finden kann.

So bitten wir in einer Stunde, in der die ganze Welt einen neuen Anfang braucht: Veni, creator spiritus [Komm, Schöpfer Geist]!
Stuttgart, 18./19. Oktober 1945

Handschriftlich unterzeichnet ist die Erklärung von: Theophil Wurm, Hans Christian Asmussen, Hans Meiser, Heinrich Held, Hanns Lilje, Hugo Hahn, Wilhelm Niesel, Rudolf Smend, Gustav Heinemann, Otto Dibelius, Martin Niemöller

http://de.wikipedia.org/wiki/Stuttgarter_Schuldbekenntnis

25 ... Und die »Deutschen Christen«?

Umkehr – Verblendung – Selbstrechtfertigung

Als einer von wenigen Deutschen Christen hat Siegfried Leffler, der Leiter der Thüringer Deutschen Christen und des »Entjudungsinstituts« nach dem Krieg ein Schuldeingeständnis abgelegt. Er formulierte dies in einem persönlichen Brief an den württembergischen Oberkirchenrat Dr. Hutten am 24. September 1947 aus dem Internierungslager in Ludwigsburg vor seinem Spruchkammerverfahren[1].

Sehr geehrter lieber Herr Dr. Hutten, Sie haben unlängst in dem Blatt der Württ. Ev. Landeskirche einen Artikel zu meiner Spruchkammerangelegenheit gebracht. Ich möchte Ihnen heute dafür herzlich danken. Umso mehr, als ich aus den Zeilen entnahm, dass sie in christlicher Verpflichtung nicht mir oder dem einst von mir vertretenen »deutschen Christentum« einen Dienst tun wollten, sondern der einfachen Sache des Rechtes, bitte ich sie heute, mich gütig anzuhören und zu erwägen, ob sie nicht durch die Wiedergabe des Bekenntnisses eines gedemütigten und erniedrigten Menschen der Sache der Kirche Jesu Christi und anderer davon betroffener Menschen nützen können. Ich hatte ja in den vergangenen Monaten Muße und Einsamkeit genug, um die von mir in den Jahren 1933 und 1939 geschriebenen oder gesprochenen Ausführungen als »Deutscher Christ« nachzulesen, zu überdenken und vor Gott und meinem Gewissen zu überprüfen. Ich möchte gewiss nicht dem mir bevorstehenden Verfahren irgendwie vorgreifen oder es gar zu beeinflussen suchen. Gleichviel wie es laufen mag! Nein, es ist mir ein unerträglicher Gedanke, auch nur einen Tag länger mit Erkenntnissen zurückzuhalten, die erschreckend über mich gekommen sind und die ich vor allem dort aussprechen möchte, wo sie hingehören, nämlich in die ev. Kirche und vor das Forum des Kirchenvolkes. Ich bin seinerzeit mit ganzem Herzen Nat.soz. geworden und gewesen und habe in Hitler ein Werkzeug Gottes gesehen [...] Nicht aus eigennützigen Gründen, sondern besessen von einer Sache, die ich aus meiner trügerischen menschlichen Sicht für richtig hielt. Hinzufügen darf ich, – ohne diese für die heutigen Ereignisse und bekannten Verbrechen erschütternde Tatsache damit beschönigen zu wollen, – dass die entscheidende Erfahrung meines Lebens Jesus Christus, mein Herr und Heiland, gewesen und geblieben ist und dass ich auch nicht einen bösen Gedanken gehegt habe, ihn um irgend einen Preis in der Welt mir und den mit mir verbundenen Menschen nehmen zu lassen. Ich glaubte jedoch an eine Synthese zwischen Nationalsoz. und Christentum, und dies wurde ein verhängnisvoller Irrweg und in der Sache des deutschen Christentums in vieler Hinsicht zur Irrlehre, umso furchtbarer und unseliger, als ich sie in wirklicher Ehrlichkeit auf dem »religiösen« Sektor vertrat. Gerade aber die Wahrhaftigkeit, aus der ich um die Zusammenschau zweier diametral verschiedener Welten rang, mindert nicht die Schuld. Schon bald nach Beginn des Krieges und besonders heute martert mich der Gedanke, dass ich durch meine und meiner Freunde Haltung und Gesinnung, Tun und Reden der christlichen Kirche, dem deutschen wie dem jüdischen Volk gegenüber schwere Schuld auf mich lud. Nicht weil ich persönlich hasste oder hetzte! Jeder, der mich kennt und kannte, weiß, dass ich stets für eine echte Toleranz und Versöhnung eintrat und mich persönlich nie einem Menschen in seiner Not, sei er Deutscher oder Jude gewesen, versagte. Das wird wohl auch mein Verfahren erweisen. Aber diese ideologische Verblendung und Gebundenheit im Geist hat mich doch grauenhafte Irrtümer für Wahrheiten halten lassen, die sicher in mancherlei Hinsicht Schaden und Not und Herzeleid gebracht haben. Hätte ich das Wort Gottes in der Bibel alten und neuen Testaments in seiner richtenden und rettenden Wirklichkeit immer als unantastbare Norm für göttliche Offenbarung herausgestellt, dann hätte ich weisen und warnenden Rufern und ehrwürdigen Persönlichkeiten im Raum der Kirche mehr Vertrauen entgegengebracht, dann hätte ich niemals auf dem Boden des Rassismus im deutschen Volk das Gegenvolk der Juden vom religiösen Standpunkt her sehen können und dürfen. Gerade dies ist mir ein furchtbar bedrückender Gedanke, und tiefes Herzensanliegen ist es mir auszusprechen, dass ich hierin nicht nur eindeutig widerrufe, sondern jedermann, den es angeht und dem ich damit Leid antat, von aufrichtigem Herzen bitte, mir zu verzeihen. Dies mag sich billig anhören! Aber Gott weiß es, dass ich hiermit mein Herz ausschütte und damit zutiefst Sünde und Schuld bereue, an der ich ungewollt und durch mein »So sein und So stehen« doch gewollt teilhabe. Und sicherlich werde ich Gelegenheit haben, dies auch noch anders zum Ausdruck zu bringen und ausführlicher zu sagen, warum ich als deutscher Christ glaubte, so handeln zu müssen. Heute beuge ich mich unter Gottes erschütterndes Gericht, gerade als deutscher Christ und bitte alle, die es mit mir im guten und ehrlichen Sinn waren, [es] auch zu tun. Möge Er dann allen gütig seinen Weg zeigen, auf dem sie in rechter Buße und Besinnung der treuen alten Kirche Christi ihre Heimat und ihren Frieden finden.

Aus: Landeskirchenarchiv Eisenach, Personalakte Leffler G1228

Der einstige Weggefährte, Walter Grundmann, distanzierte sich heftig von Lefflers Schuldeingeständnis, das »so nicht stehen bleiben« dürfe. Der wissenschaftliche Leiter des »Entjudungsinstituts« sprach von einem »vollen inneren Zusammenbruch des einstigen Weggefährten«. Bereits im Dezember 1945 verfasste Grundmann eine Verteidigungs-Denkschrift über *Die Arbeit des Instituts zur Erforschung des jüdischen Einflusses auf das deutsche kirchliche Leben 1939–1944,* die allerdings die Schließung des »Entjudungsinstituts« durch den neuen thüringischen Landeskirchenrat nicht verhindern konnte.

Er stilisierte sich selbst sogar in einer Eidesstattlichen Erklärung aus dem Jahr 1946 zu einem Widerstandskämpfer gegen diesen antichristlichen, nationalsozialistischen Staat:

Die gesamte wissenschaftliche Arbeit des Unterzeichneten steht im Dienst und Einsatz gegen die nazistische antichristliche Schlagwortpropaganda, die mit den Thesen arbeitet, das Christentum sei Judentum für Europäer und habe die deutsche Seele vergiftet. Im Zusammenschluss mit anderen Fachkräften bildet der Unterzeichnete eine geistig-wissenschaftliche Widerstandsbewegung gegen diese Tendenzen, die die deutsche Kultur, das deutsche Geistesleben und die deutsche Seele gefährden. In Wort und Schrift setzt der Unterzeichnete sich mit seiner ganzen Person, Arbeit und Existenz ein für die Aufrechterhaltung der engen Verbundenheit von Christentum und deutschem Geistesleben, die der Nazismus zerreißen will.

Hauptstaatsarchiv Weimar, Personalakte Walter Grundmann, A 8807, S. 117

Auch in seiner Autobiografie im Jahr 1969 blieb Grundmann bei dieser Sicht der Dinge und beschrieb das »Entjudungsinstitut« als den einzig möglichen Versuch, die Existenz der Kirche im nationalsozialistischen Deutschland zu retten:

Die ganze Fragestellung erfuhr eine radikale Zuspitzung durch die Verschärfung der Judenfrage. Denn nun wurden wir seitens der NSDAP und der Deutschen Glaubensbewegung vor die Frage gestellt: Das Christentum ist Judentum für Nichtjuden; es ist der Versuch des Weltjudentums sich die nichtjüdische Menschheit zu unterjochen; der Kampf gegen das Christentum wurde zum Teil eines Kampfes gegen das Weltjudentum, das zum ersten und größten Feinde des deutschen Volkes stilisiert wurde. Dieser These sahen wir uns konfrontiert; sie löste unter vielen, die Nationalsozialisten sein wollten, die Frage aus: Können wir Christen bleiben oder ist die Stunde gekommen, dem christlichen Glauben in unserem Leben und in unserem Volke den Abschied zu geben? Unsere Antwort auf diese Frage war das ›Institut zur Erforschung des jüdischen Einflusses auf das deutsche kirchliche Leben.‹

[...] Das Institut fand viel Anfeindung, aber auch viel Mitarbeit und Zustimmung über die Kreise der Deutschen Christen und der von ihnen bestimmten Landeskirchen hinaus. Wir hofften mit unserer Arbeit dem deutschen Volk, der deutschen Christenheit und dem Nationalsozialismus einen Dienst zu tun. Der bald nach der Gründung des Institutes beginnende Krieg hat die Arbeit stark gehemmt, dennoch ist unter erschwerten Umständen im Zweifrontenkrieg gegen den sogenannten deutschen Gottglauben und gegen die kirchlichen Gegenkräfte eine fleißige Arbeit geleistet worden, bei der wir mehr und mehr auf uns selbst gestellt waren und schließlich erlegen sind.

[...] Wenn man uns, die wir die notvolle Situation der Christenheit in Deutschland nach der Kristallnacht 1938 zum Ausgangspunkt unserer Arbeit nahmen, wie Bilderstürmer ansieht und als Konformisten beurteilt, so wird uns Unrecht getan und der innerste Grund unseres Bemühens nicht gesehen.

Walter Grundmann: Erkenntnis und Wahrheit. Aus meinem Leben, unveröffentliche Autobiographie aus dem Jahre 1969, in: Landeskirchenarchiv Eisenach

Grundmann, der im Rahmen der Entnazifizierungsmaßnahmen sein Professorenamt in Jena verloren hatte, wurde im Jahr 1949 wieder als Pfarrer in der thüringischen Landeskirche angestellt. Mit der neuen

Anstellung war für ihn auch wieder der Weg in die wissenschaftliche Theologie geebnet: Schon bald hielt er wieder regelmäßig Vorlesungen und wurde zum Rektor des Katechetenseminars in Eisenach berufen. Auch publizistisch war er weiter erfolgreich tätig: Er veröffentlichte unter anderem in der Evangelischen Verlagsanstalt in Leipzig wissenschaftlich anerkannte, aber im Kern antijudaistische Kommentare zu den synoptischen Evangelien und zu neutestamentlichen Briefen sowie eine Geschichte Jesu Christi. Zu seinen Hauptwerken nach 1945 zählte auch eine dreibändige Arbeit zur *Umwelt des Urchristentums,* die er zusammen mit Johannes Leipoldt, auch einem Institutsmitarbeiter, herausgab. Seine Bücher gehörten zur Standardliteratur in der Theologenausbildung sowohl in Ost- als auch in Westdeutschland. In Anerkennung seiner Verdienste wurde er zwei Jahre vor seinem Tod im Jahr 1974 von der thüringischen Landeskirche zum Kirchenrat ernannt. Dem DDR-Staat gegenüber zeigte er sich überaus loyal. Im Jahr 1956 wurde Grundmann erfolgreich von der Staatssicherheit angeworben. Aus seinen Stasiakten geht hervor, dass als Motive für seine Mitarbeit sowohl die »Anerkennung der DDR als ›Obrigkeit‹« als auch »die starke Aversion (›Hass‹) […] gegen die führende Rolle ehemaliger Mitglieder der Bekennenden Kirche« innerhalb der Kirche der DDR eine Rolle für seine Anwerbung gespielt haben (Lukas Bormann).

Oliver Arnhold: »Entjudung« – Kirche im Abgrund. Teil 2, S. 759.

[1] Spruchkammerverfahren waren Gerichtsverhandlungen gegen Personen, die in das Nazi-Regime verstrickt waren. Sie fanden von 1945 bis 1949 in den von den Amerikanern, Briten und Franzosen besetzten Zonen Deutschlands statt. Ziel der Alliierten war die »Entnazifizierung« der deutschen Gesellschaft. Bis 1947 waren ca. 182.000 Personen in Internierungslagern inhaftiert, von denen allerdings nicht einmal 2 % als Hauptschuldige und Belastete tatsächlich verurteilt wurden. Die überwiegende Mehrheit wurde als »Mitläufer« eingestuft und konnte schon sehr bald wieder nach 1949 ganz normal am gesellschaftlichen Leben teilnehmen.

D i e A r b e i t
d e s
I n s t i t u t s zur E r f o r s c h u n g
d e s j ü d i s c h e n E i n f l u s s e s a u f
d a s d e u t s c h e k i r c h l i c h e
L e b e n .
(1939 - 1944).

I. Die Krise von Christentum und Kirche in Deutschland.
II. Die Verschärfung der Krise durch den antichristlichen Kampf des nationalsozialistischen Staates.
III. Die sich ergebenden Aufgaben für Theologie und Kirche.
IV. Die Gründung des Instituts zur Erforschung des jüdischen Einflusses auf das deutsche kirchliche Leben.
V. Das Echo der Institutsgründung.
VI. Die Institutsarbeit vor der Rassenfrage.
VII. Arbeitsgliederung, Arbeitsleistung und Arbeitsplanung des Instituts.
VIII. Auswirkungen und Gegenwirkungen.

Das Inhaltsverzeichnis der Grundmann-Denkschrift, 1945, Landeskirchenarchiv Eisenach

26 Israel – verworfen oder bleibend erwählt?

Die evangelische Kirche verwirft den Antijudaismus

Die Geschichte der »Entjudaisierung« in der christlichen Kirche erstreckt sich über fast zwei Jahrtausende. Die Parole »Kirche ohne Juden!« im nationalsozialistischen Staat war daher keine einmalige Entgleisung, sondern sie hängt mit zentralen Fehlentwicklungen in der christlichen Theologie zusammen. Nach der Shoah musste es zu einer theologischen Neubestimmung des Verhältnisses von Judentum und Christentum kommen. Dieser Prozess verlief zäh, keineswegs bruchlos und war und ist immer wieder umstritten. Inzwischen haben viele Landeskirchen diese Neubestimmung in ihren Kirchenordnungen vorgenommen. Aus jüdischer Sicht besteht das Grundproblem christlicher Theologie in Folgendem:

Die christliche Botschaft, die in ihren Ursprüngen Bestätigung und Höhepunkt des Judentums sein sollte, wurde sehr bald in Ablehnung und Verleugnung des Judentums verkehrt; die Überzeugung und Lehre setzte sich durch, dass der jüdische Glaube überholt sei und abgeschafft werden müsse. Der neue Bund wurde nicht als neue Phase der Offenbarung gesehen, sondern als Aufhebung und Ersatz des alten; das theologische Denken formte seine Begriffe in Antithese zum Judentum. Gegensatz und Widerspruch bestimmten die Blickrichtung und nicht Anerkennung der Wurzeln, Verbundenheit und das Gefühl der Verpflichtung. Das Judentum wurde zur Religion des Gesetzes, das Christentum zur Religion der Gnade; das Judentum lehre einen Gott des Zornes, das Christentum den Gott der Liebe; das Judentum sei eine Religion des sklavischen Gehorsams, das Christentum die Überzeugung freier Menschen; das Judentum sei partikularistisch, das Christentum universalistisch; das Judentum suche Werkgerechtigkeit, das Christentum predige Glaubensgerechtigkeit. Die Lehre des alten Bundes sei die Religion der Furcht, das Evangelium des neuen Bundes eine Religion der Liebe; die Lohnordnung stehe der Gnadenordnung gegenüber. Die Hebräische Bibel sei Vorbereitung, das Evangelium Erfüllung; erstere sei noch unreif, das zweite vollkommen, im einen finde sich engstirnige Beschränktheit, im anderen allumfassende Liebe.

Der Prozess der Entjudaisierung innerhalb der Kirche bahnte den Weg für die Preisgabe ihres Ursprungs und die Entfremdung vom Kern ihrer Botschaft.

Abraham Joshua Heschel, Die ungesicherte Freiheit. Essays zur menschlichen Existenz, Neukirchen: Neukirchener Verlag, 1985, S. 137 f.

Der Bruderrat der Bekennenden Kirche verfasste am 1.8.1948 ein Wort zur Judenfrage, das im Anschluss an das Evangelium von der Trauer Jesu über das Volk Israel verlesen wurde. Darin hieß es:

1. Indem Gottes Sohn als Jude geboren wurde, hat die Erwählung und Bestimmung Israels ihre Erfüllung gefunden. Einem anderen Verständnis Israels muss die Kirche grundsätzlich widerstehen, und damit auch dem Selbstverständnis des Judentums, als sei es Träger oder Künder einer allgemeinen Menschheitsidee oder gar der Heiland der Welt.

2. Indem Israel den Messias kreuzigte, hat es seine Erwählung und Bestimmung verworfen. Darin ist zugleich der Widerspruch aller Menschen und Völker gegen den Christus Gottes Ereignis geworden. Wir sind alle an dem Kreuze Christi mitschuldig. Darum ist es der Kirche verwehrt, den Juden als den allein am Kreuze Christi Schuldigen zu brandmarken.

3. Die Erwählung Israels ist durch und seit Christus auf die Kirche aus allen Völkern, aus Juden und Heiden, übergegangen. Die Christen aus Juden und Heiden sind Glieder des Leibes Christi und untereinander Brüder. Es ist der Kirche verwehrt, Judenchristen und Heidenchristen voneinander zu scheiden. Zugleich wartet die Gemeinde aber darauf, dass die irrenden Kinder Israels den ihnen von Gott vorbehaltenen Platz wieder einnehmen.

4. Gottes Treue lässt Israel, auch in seiner Untreue und in seiner Verwerfung, nicht los. Christus ist auch für das Volk Israels gekreuzigt und auferstanden. Das ist die Hoffnung für Israel nach Golgatha. Dass Gottes Gericht in der Verwerfung bis heute nachfolgt, ist Zeichen seiner Langmut. Die Kirche macht sich schuldig, wenn sie die Bezeugung dieser Langmut Gottes gegen Israel – aus welchen Gründen auch immer – unterlässt oder sich verbieten lässt.

5. Israel unter dem Gericht ist die unaufhörliche Bestätigung der Wahrheit, Wirklichkeit des göttlichen Wortes und die stete Warnung Gottes an seine Gemeinde. Dass Gott nicht mit sich spotten lässt, ist die stumme Predigt des jüdischen Schicksals, uns zur Warnung, den Juden zur Mahnung, ob sie sich nicht bekehren möchten zu dem, bei dem allein auch ihr Heil steht.

6. Weil die Kirche im Juden den irrenden und doch für Christus bestimmten Bruder erkennt, den sie liebt und ruft, ist es ihr verwehrt, die Judenfrage als ein rassisches oder völkisches Problem zu sehen und ihre Haltung gegenüber dem Volk Israel wie gegenüber dem einzelnen Juden von daher bestimmen zu lassen. Drüber hinaus muss die Kirche der Welt bezeugen, dass sie irrt, wenn sie das Judenproblem nach jenen Gesichtspunkten glaubt erfassen und erledigen zu können. […]

Indem Gottes Wort uns solches lehrt, erkennen wir mit Scham und Trauer, wie sehr wir uns an Israel verfehlt haben und wie viel wir ihm schuldig geblieben sind. Wir haben es unterlassen, als Kirche das rettende Zeugnis für Israel zu sein. Nun treffen uns die Gerichte Gottes, die eines nach dem anderen über uns ergehen, auf dass wir uns in wahrhaftiger Buße als Kirche und als Volk unter die gewaltige Hand Gottes beugen.

Bruderrat der Bekennenden Kirche, 1.8.1948
Zit. nach Ulrich Schwemer (Hrsg.): Christen und Juden. Dokumente der Annäherung, Gütersloh 1991, S. 88-91

Zwei Jahre später, im April 1950, äußerte sich die Synode der Evangelischen Kirche in Deutschland in Berlin-Weißensee zur Judenfrage:

Gott hat alle beschlossen unter den Unglauben, auf dass er sich aller erbarme. Röm. 11,32

Wir glauben an den Herrn und Heiland, der als Mensch aus dem Volk Israel stammt.

Wir bekennen uns zu der Kirche, die aus Judenchristen und Heidenchristen zu einem Leib zusammengefügt ist und deren Friede Jesus Christus ist.

Wir glauben, dass Gottes Verheißung über dem von ihm erwählten Volk Israel auch nach der Kreuzigung Jesu Christi in Kraft geblieben ist.

Wir sprechen es aus, dass wir durch Unterlassen und Schweigen vor dem Gott der Barmherzigkeit mitschuldig geworden sind an dem Frevel, der durch Menschen unseres Volkes an den Juden begangen worden ist.

Wir warnen alle Christen, das, was über uns Deutsche als Gericht Gottes gekommen ist, aufrechnen zu wollen gegen das, was wir an den Juden getan haben; denn im Gericht sucht Gottes Gnade den Bußfertigen.

Wir bitten alle Christen, sich von jedem Antisemitismus loszusagen und ihm, wo er sich neu regt, mit Ernst zu widerstehen und den Juden und Judenchristen in brüderlichem Geist zu begegnen.

Wir bitten die christlichen Gemeinden, jüdische Friedhöfe innerhalb ihres Bereiches, sofern sie unbetreut sind, in ihren Schutz zu nehmen.

Wir bitten den Gott der Barmherzigkeit, dass er den Tag der Vollendung heraufführe, an dem wir mit dem geretteten Israel den Sieg Jesu Christi rühmen werden.

Kirchliches Jahrbuch für die Evangelische Kirche in Deutschland 1950, Gütersloh 1951, S. 5 f.

Beim Kirchentag in Berlin 1961 führten daraufhin Christen und Juden zum ersten Mal seit der Shoah in Deutschland wieder ein öffentliches Gespräch miteinander. Kurz darauf wurde die Arbeitsgemeinschaft *Juden und Christen* als eigenständiges Gremium im Deutschen Evangelischen Kirchentag gegründet.

Eine deutliche Veränderung des Bewusstseins für die besondere Beziehung der Kirche zu Israel brachte dann 1980 der Synodalbeschluss der Evangelischen Kirche im Rheinland: »Zur Erneuerung des Verhältnisses von Christen und Juden«. Dieser leitete einen bedeutenden theologischen Umdenkungsprozess in Bezug auf die Sicht der Kirche auf Israel und das Verhältnis von Christen und Juden ein:

Nicht du trägst die Wurzel, sondern die Wurzel trägt dich. Römer 11,18b

1. In Übereinstimmung mit dem »Wort an die Gemeinden zum Gespräch zwischen Christen und Juden« der Landessynode der Evangelischen Kirche im Rheinland vom 12. Januar 1978 stellt sich die Landessynode der geschichtlichen Notwendigkeit, ein neues Verhältnis der Kirche zum jüdischen Volk zu gewinnen.

2. Vier Gründe veranlassen die Kirche dazu:

(1) Die Erkenntnis christlicher Mitverantwortung und Schuld an dem Holocaust, der Verfemung, Verfolgung und Ermordung der Juden im Dritten Reich.

(2) Neue biblische Einsichten über die bleibende heilsgeschichtliche Bedeutung Israels (z. B. Röm. 9–11), die im Zusammenhang mit dem Kirchenkampf gewonnen worden sind.

(3) Die Einsicht, dass die fortdauernde Existenz des jüdischen Volkes, seine Heimkehr in das Land der

Verheißung und auch die Errichtung des Staates Israel Zeichen der Treue Gottes gegenüber seinem Volk sind.

(4) Die Bereitschaft von Juden zu Begegnung, gemeinsamem Lernen und Zusammenarbeit trotz des Holocaust.

[...] Deshalb erklärt die Landessynode:

(1) Wir bekennen betroffen die Mitverantwortung und Schuld der Christenheit in Deutschland am Holocaust.

(2) Wir bekennen uns dankbar zu den »Schriften« (Lk. 24, 32 und 45; 1. Kor. 1 5,3 f.), unserem Alten Testament, als einer gemeinsamen Grundlage für Glauben und Handeln von Juden und Christen.

(3) Wir bekennen uns zu Jesus Christus, dem Juden, der als Messias Israels der Retter der Welt ist und die Völker der Welt mit dem Volk Gottes verbindet.

(4) Wir glauben die bleibende Erwählung des jüdischen Volkes als Gottes Volk und erkennen, dass die Kirche durch Jesus Christus in den Bund Gottes mit seinem Volk hineingenommen ist.

(5) Wir glauben mit den Juden, dass die Einheit von Gerechtigkeit und Liebe das geschichtliche Heilshandeln Gottes kennzeichnet. Wir glauben mit den Juden Gerechtigkeit und Liebe als Weisungen Gottes für unser ganzes Leben. Wir sehen als Christen beides im Handeln Gottes in Israel und im Handeln Gottes in Jesus Christus begründet.

(6) Wir glauben, dass Juden und Christen je in ihrer Berufung Zeugen Gottes vor der Welt und voreinander sind; darum sind wir überzeugt, dass die Kirche ihr Zeugnis dem jüdischen Volk gegenüber nicht wie ihre Mission an die Völkerwelt wahrnehmen kann.

(7) Wir stellen darum fest: Durch Jahrhunderte wurde das Wort »neu« in der Bibelauslegung gegen das jüdische Volk gerichtet: Der neue Bund wurde als Gegensatz zum alten Bund, das neue Gottesvolk als Ersetzung des alten Gottesvolkes verstanden. Diese Nichtachtung der bleibenden Erwählung Israels und seine Verurteilung zur Nichtexistenz haben immer wieder christliche Theologie, kirchliche Predigt und kirchliches Handeln bis heute gekennzeichnet. Dadurch haben wir uns auch an der physischen Auslöschung des jüdischen Volkes schuldig gemacht. Wir wollen deshalb den unlösbaren Zusammenhang des Neuen Testaments mit dem Alten Testament neu sehen und das Verhältnis von »alt« und »neu« von der Verheißung her verstehen lernen: als Ergehen der Verheißung, Erfüllung der Verheißung und Bekräftigung der Verheißung; »Neu« bedeutet darum nicht die Ersetzung des »Alten«. Darum verneinen wir, dass das Volk Israel von Gott verworfen oder von der Kirche überholt sei.

(8) Indem wir umkehren, beginnen wir zu entdecken, was Christen und Juden gemeinsam bekennen: Wir bekennen beide Gott als den Schöpfer des Himmels und der Erde und wissen, dass wir als von demselben Gott durch den aaronitischen Segen Ausgezeichnete im Alltag der Welt leben. Wir bekennen die gemeinsame Hoffnung eines neuen Himmels und einer neuen Erde und die Kraft dieser messianischen Hoffnung für das Zeugnis und das Handeln von Christen und Juden für Gerechtigkeit und Frieden in der Welt.

Beschluss der Synode der Evangelischen Kirche im Rheinland vom 11. Januar 1980: »Zur Erneuerung des Verhältnisses von Christen und Juden«. Online unter http://www.ekir.de/www/downloads/ekir2008arbeitshilfe_christen_juden.pdf; S. 97f.)

Auf dem Kirchentag in Berlin, 1961 (Bundesarchiv, B 145 Bild-P060360)

Arbeitsanregungen

Bei der Quellenauswahl konnten größere Zusammenhänge – etwa die Geschichte der Bekennenden Kirche im NS-Staat oder die politischen, militärischen oder sozialen Prozesse – nur gestreift werden. Manche Einzelthemen können aber – je nach Interesse – im Unterricht projektartig bearbeitet oder in Facharbeiten weiter verfolgt werden.

Für detaillierte Darstellungen empfiehlt sich das Standardwerk von Eberhard Röhm und Jörg Thierfelder: Juden – Christen – Deutsche, 4 Bände in 9 Teilbänden, Stuttgart 2007. Vor allem sollte während der Arbeit die ausgezeichnete Seite http://de.evangelischer-widerstand.de für weitergehende Informationen genutzt werden.[1]

Die Arbeitsanregungen enthalten mehrfach den Hinweis, eine Kurzbiografie von Menschen zu erstellen, die im Heft vorkommen. Abschließend sollen alle Biografien (mit Bildern) auf einem großen Plakat zusammengestellt und – sofern möglich – ihre Beziehungen zueinander markiert werden.

[1] Alle in dieser Publikation angeführten Internetseiten wurden im Februar 2015 eingesehen.

Einführung: Kirche ohne Juden

1. Informieren Sie sich über die »Gesellschaften für christlich-jüdische Zusammenarbeit« auf http://www.deutscher-koordinierungsrat.de (Geschichte, Ziele, Aktivitäten).
2. Suchen Sie im Internet eine lokale Gesellschaft (Suchwort cjz oder gcjz) in Ihrer Region und erstellen Sie ein kurzes Infoblatt über diese Gesellschaft.

A Der geschichtliche Hintergrund

1 Ein Rückblick: Christliche Judenfeindschaft

1. Informieren Sie sich über die Judenverfolgungen im Zusammenhang mit dem ersten Kreuzzug (Wikipedia-Stichwörter *Judenverfolgungen zur Zeit des ersten Kreuzzugs; Gezerot Tatnu*). Was geschah in den Städten Mainz, Worms und Speyer?
2. Recherchieren Sie die spätmittelalterlichen und frühneuzeitlichen Gerüchte über Brunnenvergiftung, Hostienfrevel und Christenkindermord. Suchen Sie dabei auch zeitgenössische Bilder und stellen Sie diese Ihren Mitschülerinnen und Mitschülern vor.
3. Wie stellte sich die soziale Situation der Juden im ›Corpus Christianum‹ des Mittelalters dar? Fertigen Sie eine Mindmap dazu an.

2 Das Mittelalter: Kirche und Synagoge

1. Wie in einer Bilderbibel veranschaulichen die Fresken den Betrachtern (die im Mittelalter in der Mehrzahl Analphabeten waren), welches Heil von der Schöpfung bis zur Erlösung ihnen zuteilwird. Schauen Sie das Bild genau an und versuchen Sie folgende Details zu entdecken: Eva mit der Schlange, Maria, die Symbole der vier Evangelisten (Mensch, Löwe, Stier, Adler), der Lebensbaum, Hostie, der Papst mit Gläubigen, die fallende Krone, die zerbrochene Fahne, der Esel, ein Ziegenbock, Juden, Engel kämpfen mit Teufeln, Siegesfahne, der auferstandene Christus, die zerbrochenen Mauern der Hölle, die Geretteten.
2. Welches Bild vom Judentum musste sich den Betrachtern einprägen, die jeden Sonntag die Messe besuchten?
3. Verfassen Sie für unkundige Touristen eine Erläuterungstafel, die neben dem Gemälde aufgehängt werden könnte.

3 Martin Luther: Eine »scharfe Barmherzigkeit« an den Juden üben

1. Unterstreichen Sie die Kernaussagen in den drei Quellen.
2. Stellen Sie die Maßnahmen von 1523 und 1543, die Luther empfiehlt, in prägnanter Form (z. B. Tabelle) gegenüber.
3. Beschreiben und deuten Sie das Gemälde auf S. 11 mit Blick auf das Verhältnis von christlichem Glauben und Judentum.

4 Adolf Stoecker: »Der deutsche Geist verjudet«

1. Stoecker argumentiert einerseits theologisch, andererseits rassistisch. Welche Passagen gehören zu welcher Argumentationslinie? Stellen Sie die Aussagen in einer Tabelle gegenüber.

2. Stoecker glaubt Deutschland in einer Periode des »Niedergangs« und sieht den Grund in der Macht des zeitgenössischen Judentums. Welche Maßnahmen sieht er als notwendig an, um die »Ketten eines fremden Geistes zu brechen«?
3. Die »Christlich-soziale Arbeiterpartei« Stoeckers hat eine wechselvolle Geschichte (Namenwechsel, Zusammengehen mit anderen Parteien), die schließlich in der Zustimmung zur Politik Hitlers mündet. Recherchieren Sie die Verbindungen und stellen Sie diese in einem Strukturbild dar.

B Die Deutschen Christen: Kirche im Zeichen des Hakenkreuzes?

5 Die Kirche vor der ›Judenfrage‹

1. Fassen Sie die Grundthese Thamers in einem Satz zusammen und zeigen Sie, wie er sie für unterschiedliche Zeitpunkte belegt.
2. Was ist der Inhalt der lutherischen »Zwei-Reiche-Lehre« und warum wirkte sie sich nach Thamers Auffassung besonders in der Haltung der Kirche aus? (Recherchemöglichkeit: http://www.evkirche-neuenahr.de/6_schule/Arbeitsblaetter/Kirche_und_Staat.html)
3. Recherchieren Sie zur Person und Position Walter Künneths in der Frage des Arierparagraphen und vergleichen Sie diese mit der Auffassung Bonhoeffers (S. 22 f.).

6 Was wollen die »Deutschen Christen«?

1. Recherchieren Sie den Lebensweg des Leiters der Glaubensbewegung Deutsche Christen, Joachim Hossenfelder.
2. Wie wird die Bedeutung der Rasse theologisch begründet und welche Konsequenz zieht Hossenfelder daraus?
3. Stellen Sie sich vor, Sie bekämen die Einladung zur Versammlung der Deutschen Christen (Abbildung S. 17) in die Hand gedrückt. An welchen Stellen und mit welcher Begründung würden Sie den Aussagen widersprechen?

7 Deutsche Christen: Das Kreuz im Hakenkreuz

1. Vergleichen Sie die Kurzbiografien von Leffler und Leutheuser und markieren Sie Parallelen. Was folgern Sie daraus?
2. Wie sehen die beiden Führer der Kirchenbewegung die Person und Aufgabe Hitlers? Finden Sie dieses Bild in dem Gebet an den Führer wieder?
3. Untersuchen Sie die Grundsätze der Kirchenbewegung: An welchen Stellen klingen sie traditionell, wo gibt es Formulierungen, die sich eher der nationalsozialistischen Ideologie verdanken?

8 Ina Gschlössl: »Wer heute hetzt …«

1. Welche Argumente setzt Gschlössl der nationalsozialistischen Rassentheorie entgegen? Worin sieht sie die besondere Aufgabe der Kirche?
2. Gschlössl zeigt sich in ihrer Stellungnahme im Jahr 1932 außerordentlich weitsichtig. Inwiefern?
3. Gschlössl hatte seit 1927 auch Kontakte zu den Religiösen Sozialisten. Welche theologischen Vorstellungen vertrat diese religiöse Gruppe und warum gehörte sie bereits 1933 zu den ersten Verfolgten im nationalsozialistischen Deutschland?

C Der Arierparagraph: Müssen Pfarrer »arisch« sein? 1933–1934

9 Damit fing es an: Der »Arierparagraph«

1. Informieren Sie sich über die Biografie Bonhoeffers und stellen Sie eine Kurzbiografie mit den wesentlichen Lebensdaten zusammen.
2. Stellen Sie die zentralen Argumente Bonhoeffers und der Erlanger Fakultät in einer Übersicht gegenüber.
3. Welche Konsequenzen ergeben sich aus der Position Bonhoeffers?
4. Letztlich hat sich in der Kirche die Position der Erlanger Fakultät durchgesetzt. Was könnten die Gründe sein? Berücksichtigen Sie dabei die Ausführungen Thamers.
5. In dem Aufsatz: *Die Kirche vor der Judenfrage* (http://de.evangelischer-widerstand.de) setzt sich Bonhoeffer 1933 ebenfalls mit dem »Arierparagraphen« auseinander. Er erwägt darin eine dreifache Möglichkeit kirchlichen Handelns gegenüber dem Staat. Recherchieren Sie diese drei Möglichkeiten und entwerfen Sie dazu ein entsprechendes Schaubild.
6. Von Martin Niemöller ist folgender Text überliefert: »Als die Nazis die Kommunisten holten, habe ich geschwiegen, ich war ja kein Kommunist. Als sie die Sozialdemokraten einsperrten, habe ich geschwiegen, ich war ja kein Sozialdemokrat. Als sie die Gewerkschafter holten, habe ich geschwiegen, ich war ja kein Gewerkschafter. Als sie die Juden holten, habe ich nicht protestiert, ich war ja kein Jude. Als sie mich holten, gab es keinen mehr, der protestieren konnte.«
   a) Stellen Sie einen Zusammenhang zwischen der Kurzbiografie Niemöllers und dem Text her.

b) Welches Verhalten kritisiert Niemöller und welche Impulse lassen sich daraus auch für heutiges christliches Handeln ableiten?

10 Der Skandal: Die Berliner Sportpalastkundgebung am 13. November 1933

1. Die Rede Krauses enthält ein Programm zur »Entjudung der Kirche«. Was muss aus seiner Sicht aus dem christlichen Glauben gestrichen werden, um eine »völkische Kirche« zu schaffen?
2. Welche der Forderungen Krauses und der Entschließung haben wahrscheinlich die Empörung vieler Christinnen und Christen ausgelöst?
3. Krause spricht auch »von einer Rückkehr zu einem heldischen Jesus«. Welches Christusbild schwebt Krause vor und was möchte er nicht betont wissen?

11 Marga Meusel: »... Endlich das erlösende Wort sprechen«

1. Erstellen Sie eine Kurzbiografie zu Marga Meusel.
2. Marga Meusel bezieht eine klare theologische Position zu den Mitchristinnen und Mitchristen jüdischer Abstammung. Fassen Sie diese Position knapp zusammen.
3. Welche konkreten Vorschläge macht sie der Bekennenden Kirche?
4. Recherchieren Sie, wie das Büro Grüber arbeitete und erstellen Sie eine Kurzbiografie zu den beiden Mitarbeitern Pfarrer Werner Sylten und Pfarrer Hermann Maas.
5. Verschaffen Sie sich einen Überblick über die Barmer Theologische Erklärung von 1934. Es fehlt dort ein Wort zu den Juden, wie der Hauptverfasser Karl Barth später bemängelte. Formulieren Sie eine solche siebte These und einen entsprechenden Verwerfungssatz.

D Die Rassegesetze: Warum tut die Kirche nichts? 1935–1937

12 Die Nürnberger Rassegesetze: Verboten, verboten, verboten

1. Recherchieren Sie die Biografie des evangelischen Theologen Jochen Klepper und die Auswirkungen der Nürnberger Gesetze und ihrer Folgebestimmungen auf das Leben seiner Familie (vgl. Kapitel 19). Verwenden Sie dabei auch die Zeittafel unter www.v-r.de/kirche_ohne_juden.
2. Vergleichen Sie die Nürnberger Gesetze mit dem Grundgesetz Art. 3,3 und fassen Sie die Unterschiede prägnant zusammen.
3. Am 1.12.2010 brachte die Partei *Die Linke* den Antrag in den Bundestag ein, den Begriff »Rasse« aus dem Grundgesetz und aus allen internationalen Dokumenten zu streichen (http://dip.bundestag.de/btd/17/040/1704036.pdf). An diesen Antrag schloss sich eine engagierte Debatte aller Parteien an. Skizzieren Sie arbeitsteilig die Position der Bundestagsparteien zu diesem Antrag. (Internetrecherche über ›Streichung des Begriffs Rasse‹).
4. Wie würden Sie im Bundestag abstimmen? Begründen Sie Ihre Meinung.

13 Elisabeth Schmitz: Warum tut die Kirche nichts?

1. Vergleichen Sie die Denkschrift Meusels (S. 28 f.) mit der von Schmitz: Wen hat Meusel im Blick, wen Schmitz?
2. Welche Vorwürfe erhebt Schmitz gegen ihre Kirche?
3. Was erwartet Schmitz von der Kirche?

14 »An den Führer und Reichskanzler« – Die Kirche klagt an. Endlich!

1. Mit welchen theologischen Argumenten werden die nationalsozialistische Weltanschauung und ihre Unrechtspraxis abgelehnt?
2. Welche konkreten Übergriffe und welches Unrecht werden von der Denkschrift angeprangert?
3. Im letzten Abschnitt wird die gottgleiche Verehrung Hitlers als Erlöserfigur angegriffen. Recherchieren Sie entsprechende Bilder im Internet.

15 Der Kronzeuge gegen die Juden: Jesus

1. Zur Begründung ziehen die Verfasser Stellen heran aus Joh 1,16; Joh 8, 44 ff.; Luk 13,6 ff.; die »Antithesen« Mt 5,21–48; Mt 26,61 ff.; Mt 23. Überprüfen Sie diese Bibelstellen und berücksichtigen Sie dabei den Zusammenhang, in dem die Bibelstellen stehen.
2. Mit der Stelle Joh 4,19–22 hatten die deutschchristlichen Verfasser einige Schwierigkeiten. Warum? (Sie erklärten die Stelle für eine Fälschung.)
3. Überprüfen Sie die Thesen des Textes anhand des Abschnitts »Herkunft« im Artikel *Jesus von Nazareth* in der Wikipedia. Welche Erkenntnisse sprechen gegen den DC-Text?

E Die Reichspogromnacht: Warum schweigt die Kirche? 1938–1940

16 Als die Synagogen brannten: Die Reichspogromnacht

1. Verschaffen Sie sich auf der Seite »Novemberpogrome 1938« in der Wikipedia einen Überblick über

die Zielrichtung, den Hergang, die Ausmaße der Pogrome und die Reaktionen darauf.
2. Was für ein Mensch war Pfarrer Julius von Jan? Erstellen Sie eine Kurzbiografie.
3. An welchen Stellen spricht von Jan die Verbrechen direkt an und wie bewertet er sie theologisch?
4. Auch der Pfarrer Helmut Gollwitzer in Berlin-Dahlem predigte am Buß- und Bettag. Recherchieren Sie seine Biografie auf der Seite http://de.evangelischer-widerstand.de.
5. Die Predigt Gollwitzers finden Sie unter http://www.freidok.uni-freiburg.de/volltexte/7048/pdf/Freiburger_Rundbrief_1968_73_76.pdf.
   Worin unterscheidet sich die Predigt Gollwitzers von der von Jans?

17 Martin Sasse: »Weg mit ihnen!« sowie
18 Exkurs: Luther – Wegbereiter des Nationalsozialismus?

Arrangieren Sie eine Pro-und Kontra-Diskussion zu dem Thema *Ist Luther ein Wegbereiter des Nationalsozialismus?* Stützen Sie sich dabei auf die Texte Luthers (S. 6–8) sowie zu Sasse (S. 38) und den Exkurs (S. 39).

19 Im Stich gelassen: »Nichtarische« Pfarrer in der evangelischen Kirche

1. Erstellen Sie arbeitsteilig eine Kurzbiografie folgender Pfarrer: Hans Ehrenberg, Bruno Benfey, Willy Ölsner, Carl G. Schweitzer, Ernst Lewek, Alfred Goetze, Franz Hildebrandt.
   Geben Sie bei Recherchen zusätzlich zum Namen auch den Beruf Pfarrer ein.
2. In dem Spiegelartikel *Verrat unter Brüdern* (http://www.spiegel.de/einestages/kirche-im-nationalsozialismus-a-946648.html) erfahren Sie weitere Einzelheiten zum Schicksal Flatows. Stellen Sie Vermutungen an, warum es noch lange Zeit nach dem Krieg in der ev. Kirche vergessen, verdrängt und totgeschwiegen wurde.
3. Auf dem Gedenkstein an Ernst Flatow taucht auch der Name einer Frau, Emma Rosenthal, auf. Forschen Sie im Internet nach ihrer Biografie (Recherche über Emma Rosenthal, Hohen Neuendorf).
4. Schlagen Sie im Evangelischen Gesangbuch die Lieder 16, 452, 486 und 532 von Jochen Klepper nach. Die ersten drei sind 1938 verfasst, das letzte 1941. Wie spiegelt sich in den Liedern die Situation Kleppers?

20 Das kirchliche ›Entjudungsinstitut‹

1. Erarbeiten Sie eine Kurzbiografie zum wissenschaftlichen Leiter des »Entjudungsinstituts«, Walter Grundmann.
2. In der Institutseröffnungsrede umreißt Grundmann die Arbeitsschwerpunkte des Instituts. Welche sind das?
3. Wie ging man konkret bei der »Entjudungsarbeit« vor? Arbeiten Sie anhand der Auszüge aus der Botschaft Gottes (S. 44) und dem Gesangbuch »Großer Gott wir loben dich« (S. 45) die Veränderungen zu Lk 2,1–21 und den Originalliedtexten heraus. Wie beurteilen Sie solche Änderungen?
4. Verfassen Sie ein Gegengutachten zu dem »Gutachten zur Beteiligung der Judenchristen am christlichen Gottesdienst« (S. 46) vom Dezember 1941.
5. Schülerinnen und Schüler der 11. und 12. Klasse des ev. Martin-Luther-Gymnasiums in Eisenach haben eine Ausstellung zum »Entjudungsinstitut« erarbeitet, die u. a. im Lutherhaus in Eisenach zu sehen war. Informieren Sie sich im Internet über diese Ausstellung.
   Im Vorwort des Ausstellungskatalogs (Gratwanderungen – Das »Entjudungsinstitut« in Eisenach, Wartburgverlag, Eisenach 2013) schreiben die Schülerinnen und Schüler (S. 7 f.), dass sie neben dem Interesse der Erforschung der Vergangenheit in ihrem eigenen örtlichen Umfeld die Frage: »Wie hätte ich gehandelt?« sehr beschäftigt hat. Machen Sie sich bewusst, mit welcher Alltagsrealität die Jugendlichen damals konfrontiert waren (Mitgliedschaft in der Hitlerjugend, Diskriminierung jüdischer Mitschülerinnen und Mitschüler, Bespitzelungs- und Überwachungsstaat, Angst vor Bestrafung) und formulieren Sie Ihre Antwort auf diese Frage.

F Die Shoah: Wer hat Mut zur Wahrheit? 1941–1945

21 Katharina Staritz: Heimatrecht für Christen jüdischer Herkunft in der Kirche

1. Erstellen Sie eine kurze Biografie von Katharina Staritz, mit Schwerpunkt auf der Zeit nach ihrer Ausweisung aus Breslau.
2. Übersetzen Sie den Zeitungsausschnitt aus dem *Daily Herald.* Welche Intention verfolgt der Artikel?
3. Vergleichen Sie das Rundschreiben von Staritz (S. 47 f.) mit der Denkschrift von Marga Meusel (S. 28 f.). Worauf legen die Autorinnen jeweils den Schwerpunkt?

22 Einer redet Klartext: Landesbischof Wurm

1. An welchen Stellen und mit welchen Begriffen benennt Wurm Verbrechen an Juden?
2. Wie begründet er seine Haltung theologisch und kirchlich-seelsorgerlich?
3. Vergleiche die Stellungnahme Wurms mit seiner Grundhaltung 1938 auf S. 36 f. Was hat sich verändert? Warum?

23 »Gott mehr als den Menschen gehorchen«

1. Die Synode interpretiert das fünfte Gebot »Du sollst nicht töten!« in einer weit gefassten Weise. Was fällt alles darunter?
2. Von welchem theologischen Grundsatz geht die Synode bei ihrer Interpretation aus?
3. Welche Argumente führt die Synode gegen die Verbrechen an den Juden an?
4. Die Synode war von Kurt Gerstein über die Vernichtungslager im Osten in Kenntnis gesetzt worden. Wer war dieser Kurt Gerstein und was hat es mit seinem Bericht auf sich? Recherchieren Sie im Internet.

G Schuldbekenntnis/theologische Neubesinnung nach 1945: Was hat die Kirche gelernt?

24 »Wir klagen uns an ...« – Die Kirche bekennt ihre Schuld

1. Vergleichen Sie das Schuldbekenntnis Bonhoeffers mit dem des Rates der Evangelischen Kirche: Wo sehen Sie Ähnlichkeiten, wo Unterschiede?
2. »Mutiger bekannt, treuer gebetet, fröhlicher geglaubt, brennender geliebt?« – fehlt da nicht etwas?
3. Schreiben Sie einen kritischen Leserbrief zu einem der im Text genannten vier Vorwürfe, die sich gegen die Stuttgarter Schulderklärung richteten.

25 ... und die »Deutschen Christen«?

Umkehr – Verblendung – Selbstrechtfertigung

1. Arbeiten Sie die Stellen im Schuldeingeständnis Lefflers heraus, in denen er seine persönliche Verantwortung angemessen herausstellt, und setzen Sie dagegen solche Passagen, in denen das Eingeständnis eher abstrakt bleibt.
2. Setzen Sie sich mit Grundmanns Verteidigung auseinander, dass die »Entjudungsarbeit« des Instituts die einzige Möglichkeit gewesen sei, überhaupt ein Überleben der Kirche während der Nazizeit sicherzustellen.
3. Wie erklären Sie sich, dass Grundmann nach 1945 eine »zweite Karriere« in Wissenschaft und Kirche machen konnte?

26 Israel – verworfen oder bleibend erwählt?

Die evangelische Kirche verwirft den Antijudaismus

1. Vergleichen Sie das Wort des Bruderrates aus dem Jahr 1948 mit dem aus jüdischer Sicht beschriebenen Grundproblem christlicher Theologie. An welchen Stellen bewegt sich der Bruderrat in den traditionellen Gleisen, an welchen Stellen lässt er vorsichtige Neubestimmungen des Verhältnisses von Juden und Christen erkennen?
2. Inwiefern ist die Stellungnahme der Synode in Weißensee ein grundlegender Bruch mit der traditionellen Verhältnisbestimmung?
3. Der Beschluss der Rheinischen Synode 1980 geht noch über Weißensee hinaus. Markieren Sie die entsprechenden Stellen.

Zum Abschluss: Was zählt?

Dem Presbyterium Ihrer Kirchengemeinde liegt ein Antrag von politisch engagierten Gemeindegliedern vor, die Kirchengemeinde möge sich dem Boykottaufruf von Produkten aus Israel anschließen; sie begründen ihren Antrag damit, dass Israel das Westjordanland seit dem Krieg 1968 widerrechtlich besetzt halte und jüdische Siedlungen den Palästinensern ihr Land raubten. Ein Mitglied des Presbyteriums hält dagegen, dass Boykottmaßnahmen gegen Israel für Deutsche tabu seien. Vor allem die Kirche dürfe sich wegen der Geschichte ihrer Judenfeindschaft nicht wieder gegen Juden wenden.

Bereiten Sie sich auf eine Diskussion im Presbyterium vor. (Stichworte: Nahostkonflikt, Judenboykott, Boykott israelischer Produkte; nutzen Sie auch Stellungnahmen von jüdischen Internetseiten wie www.hagalil.com und http://www.juedische-allgemeine.de)

Führen Sie in Ihrer Lerngruppe ein Fishbowl-Gespräch über das Thema und bringen Sie dabei Erkenntnisse aus der Unterrichtseinheit ein.